[美] 供应链管理专业协会（CSCMP） 著
罗伯特·弗兰克尔（Robert M. Frankel）

罗小七 译

供应链管理
典型案例

需求管理、采购管理、精益
生产、网络设计与风险防范

人民邮电出版社

北京

图书在版编目（CIP）数据

供应链管理典型案例：需求管理、采购管理、精益
生产、网络设计与风险防范 / 美国供应链管理专业协会
（CSCMP），（美）罗伯特·弗兰克尔
(Robert M. Frankel) 著；罗小七译. -- 北京：人民
邮电出版社，2020.9（2024.5重印）
　ISBN 978-7-115-54164-2

　Ⅰ. ①供… Ⅱ. ①美… ②罗… ③罗… Ⅲ. ①供应链
管理 Ⅳ. ①F252.1

中国版本图书馆CIP数据核字(2020)第095540号

版权声明

内 容 提 要

　　本书汇集了世界范围内典型的供应链管理实践案例，这些基于事实的案例由世界知名专家撰写，充分反映了现代
供应链的复杂性，其研究成果可帮助从业者评估解决方案、应对潜在风险、实施有效计划。

　　全书包括需求预测、采购管理、网络设计、物流管理、精益生产、风险防范等主题。通过阅读本书，从业者能够
了解供应链管理领域的最佳实践，并掌握如何整合从预测到规划、从订单履行到售后服务等一系列活动。

　　本书内容集系统性、可操作性于一体，对供应链管理从业人员来说是一本不可多得的参考图书。此外，企业中高
层管理者，也可通过阅读本书了解企业供应链的复杂性，为具体的管理工作提供相应支持。

◆　著　　　　[美] 供应链管理专业协会（CSCMP）
　　　　　　　 罗伯特·弗兰克尔（Robert M. Frankel）
　　译　　　罗小七
　　责任编辑　马　霞
　　责任印制　周昇亮

◆　人民邮电出版社出版发行　　北京市丰台区成寿寺路 11 号
　　邮编　100164　电子邮件　315@ptpress.com.cn
　　网址　https://www.ptpress.com.cn
　　固安县铭成印刷有限公司印刷

◆　开本：700×1000　1/16
　　印张：15.25　　　　　　　2020 年 9 月第 1 版
　　字数：174 千字　　　　　 2024 年 5 月河北第 7 次印刷
　　　　著作权合同登记号　图字：01-2019-7525 号

定价：79.80 元

读者服务热线：**(010)81055296**　印装质量热线：**(010)81055316**
反盗版热线：**(010)81055315**
广告经营许可证：京东市监广登字 20170147 号

这本书献给众多为供应链管理专业协会做出贡献的尊贵的思考者和实践者，也献给这个有着 50 多年历史的协会的前辈们。他们凭借学术美德，进行学术研究，明确了传统物流、现代物流和供应链管理三大领域的范围，并极大地推动了这些领域的发展。

关于作者

供应链管理专业协会（Council of Supply Chain Management Professionals，CSCMP）是一个致力于进行供应链管理研究，推广研究结果和供应链管理相关知识的组织。CSCMP 有来自政府、学术界和企业界的众多会员，他们是物流和供应链管理领域的从业者和专家。CSCMP 拥有一个跨国团队，总部位于美国伊利诺伊州的芝加哥。

罗伯特·弗兰克尔博士（Robert M.Frankel Ph.D.）是北佛罗里达大学的市场营销与物流学教授。作为一名福布莱特学者，他获得了密歇根州立大学市场营销与物流专业的博士学位。他的研究重点是供应链管理、国际营销和教学方法，研究结果已发表在许多学术期刊上。

推荐序一

从认识与操作两个层面去创新供应链

什么是供应链？根据 2012 年《物流术语》国家标准，"供应链是生产与流通过程中，为了将产品与服务交付给最终用户，由上游与下游企业共同建立的网链状组织"；在 2017 年国务院办公厅颁布的《关于积极推进供应链创新与应用的指导意见》中，"供应链是以客户需求为导向，以提高质量和效率为目标，以整合资源为手段，实现产品设计、采购、生产、销售、服务等全过程高效协同的组织形态"。这两种定义是一致的，从网链状组织到组织形态、商业模式和治理结构，定义有了提升。国外研究者对供应链的定义更多，但大同小异。

中国供应链的发展，我认为要从认识与操作两个层面去促进。毛主席在《实践论》中有一个精辟论断："感觉只解决现象问题，理论才解决本质问题。""理论若不和革命实践联系起来，就会变成无对象的理论，同样，实践若不以革命理论为指导，就会变成盲目的实践。"理论来于实践，又反作用于实践。不解决供应链的认识问题、理论问题，就会变成盲目的供应链实践。

对供应链的认识我认为主要是三个方面：一是供应链的本质是什么；二是供应链与物流是什么关系；三是供应链对推进国民经济发展以及经

济全球化起什么作用。

　　帕拉格·康纳（Parag Khanna）在《超级版图》一书中有句名言："供应链大战的目的不在于征服，而是要与世界上最重要的原材料、高科技和新兴市场建立起物理和经济上的联系。21 世纪，谁统治了供应链，谁就统治了世界。"2012 年，美国政府签发了《美国全球供应链国家安全战略》，把供应链上升为国家战略。2020 年，新冠肺炎疫情在全球蔓延，对世界经济发展造成巨大冲击，习总书记说："确保全球供应链开放、稳定、安全。"这些充分体现了供应链的地位与作用，这种体现企业、产业、城市、区域与国家竞争力的软实力无可替代。

　　如果说 2005 年美国物流管理协会（Council of Logistics Management，CLM）更名为供应链管理专业协会（Council of Supply Chain Management Professionals，CSCMP），标志着全球进入供应链管理时代，那么 2017 年国务院办公厅颁布的《关于积极推进供应链创新与应用的指导意见》，标志着中国进入了现代供应链新阶段。

　　2018 年，《财富》（Fortune）杂志公布的世界 500 强企业中，前 25 位有 5 家中国企业，前 100 位有 22 家中国企业，但由高德纳（Gartner）公司每年公布的全球供应链 25 强企业中，中国没有一家，在 100 强排名中，中国企业只有 3 家，即联想（第 26 位）、华为（第 35 位）、海尔（第 41 位）。在供应链管理领域，中国还有很大进步空间，我们刚刚起步，必须奋起直追。

　　追赶需要落实，需要创新，实践就要提上议事日程。从国家层面，266 家供应链试点企业、55 座试点城市以及多个产业部门进行了积极探索，取得了阶段性成果。从市场层面，许多企业从实际出发，推进供应链的应用与创新，总结了不少典型模型。但从总体上讲，一些企业没有"上道"，过于浮躁，缺乏总体设想，片面地追求不切实际的目标。

供应链管理的理想模式是生产企业和物流企业形成长期、稳定的供应链伙伴关系，企业将物流作为生产能力的一部分。从原材料采购、生产制造、成本控制、交付到维修回收，企业采用一体化的供应链管理流程。标准的流程才可能降低总体供应链管理成本，提高投资回报率。目前国际上主流的供应链管理流程有 SCOR 模型、CSCMP 流程标准与全球供应链论坛提供的供应链流程。

CSCMP 作为全世界公认的物流和供应链领域内权威的专业协会之一，提出了《供应链管理流程标准》第 1 版和第 2 版，将供应链流程划分为计划、采购、制造、交付和回收 5 个基本结构。在 5 个基本结构的基础上，增加了一个执行的流程，总共 6 个部分。每个主要流程都包括了很多次级流程。

由人民邮电出版社出版的供应链系列图书，充分体现了这个标准流程的 6 个部分。这套丛书是国际供应链专家的经验之作，代表了当代供应链理论与实操的较高水平，对提升中国企业供应链管理水平将起到很好的作用。我们要特别感谢 CSCMP 中国园桌会协助引进这套教材，要感谢所有参与翻译、审校的各位专家，他们付出了大量的心血。

中国经济正处于转型发展阶段，而企业是国民经济的"细胞"，没有企业的转型发展，特别是制造业的转型发展，就没有国家的转型发展。打造一个开放、稳定、高效、绿色、安全的弹性供应链，关系到国家的安全。

丁俊发

中国知名流通经济学家、资深物流与供应链专家

享受国务院特殊津贴

推荐序二

时代变革与供应链管理者的使命

从电商到新零售，从贸易摩擦到抗击新冠疫情，供应链管理正在走向舞台的中央——供应链管理者角色与使命从来没有像今天这么重要。当供应链管理上升为国家战略，当供应链管理成为新的职业，供应链管理者的时代已经来临。

如何成为好的供应链管理者？如何找到最佳知识源泉？哪一种知识体系最权威？你选择的路径决定你的出路——你不能走错路重来，否则那时候你会发现已经远远地落在了别人后面。CSCMP 参与组织引进的这套书，为你指引了方向。

过去 20 多年的时间里，我所做的一项重要工作，就是引入美国的供应链内容资源与知识体系。

几年前，我也曾在国内高校供应链课程建设研讨会上讲述美国的物流与供应链教育。

从 2000 年起，我坚持每年去美国参加全球物流年会。2005 年，美国的物流管理协会更名为供应链管理专业人员协会（简称供应链管理专业协会），标志着全球物流进入供应链时代。这件事大家可能已经听过很多次了。2004年9月24日在北京举办的第五届中国国际物流高峰会上，我发表了"时代变革与物流的使命"主题演讲，在今天看来，我当年的观点仍然不过时。

2004年发表演讲时，我已经知道2005年美国物流管理协会要更名。2005年的全球物流年会是在美国加州的圣地亚哥举办，主题为"追赶供应链浪潮"，讨论的核心是物流全面拓展到供应链管理领域。之后的事情可能大家都知道了。2006年，CSCMP推出《供应链管理流程标准》，2007年清华大学出版社出版了由我牵头翻译、校对的中文版。到撰写这份推荐序时，《供应链管理流程标准》第2版的中文版也即将付印、出版了。这两版流程标准，成为供应链管理知识体系的核心。

中国进入供应链时代，是以2017年国务院办公厅颁布的《关于积极推进供应链创新与应用的指导意见》为标志的，这说明供应链已上升为国家战略。国家对供应链这一领域越来越重视，至今相继颁布了相应的文件来促进中国供应链快速发展，以达到国际水准。

任何行业的发展，都需要有专业知识和技能的人来推动。2019年9月23日，在美国洛杉矶安纳海姆举办的全球供应链峰会上，会长兼首席执行官瑞克·布拉斯根（Rick Blasgen）在开幕式上说，美国供应链就业人数4,400万人，占整个就业人口的37%。可见供应链对整个美国经济的重要性。

在供应链上升为中国国家战略之后，供应链人才的供给已经远远跟不上需求的步伐了，供应链人才培养的问题也提上了日程。2020年2月25日，人力资源和社会保障部、国家市场监督管理总局、国家统计局联合向社会发布了16个新职业，其中就包括供应链管理师这一职业。

无论你是现在准备进入供应链领域，还是已经在供应链某一垂直领域的岗位上，都需要选择一个合理的路径，采用科学的方法学习和进行职业训练，使自己能够快速地在供应链领域中成长，迅速达到国家职业标准，同时还要争取成为国际化的供应链管理者。

　　要成为国际化的供应链管理者，就要获得国际化的知识资源。一个人成功的速度，取决于学习的能力和速度。在知识爆炸的时代，在数字化时代，计算机这种"超级大脑"一秒钟就可以读几百万本书。但是，个人却不能快速地把需要的知识转化为自己的本领。所以，选择知识体系很重要。

　　今天，CSCMP确实已经成为全球物流和供应链领域中最有影响力的组织之一。协会是全球供应链思想领袖汇聚的平台，处于定义产业、引领方向的地位。从协会给专业人员提供的支持和服务来看，CSCMP的宗旨说明了一切：教育和连接全世界供应链管理者。《供应链管理流程标准》给出了包括计划、采购、制造、交付、回收（退货）、执行在内的6个部分的标准架构，但没有涉及各个部分的深入分析。人民邮电出版社出版的这套供应链丛书，覆盖了供应链管理中计划、采购、生产、运输等核心流程模块，也包含了丰富的全球企业案例，保证了内容的全面性和专业性。这套丛书，是美国注册供应链管理师SCPro项目配套的教材。这套丛书的引进，为中国的供应链管理者掌握国际化的知识体系提供了权威的工具。

　　CSCMP会长兼首席执行官瑞克·布拉斯根在2005年就曾说过："这是一个成为供应链管理者的伟大时代。"

　　当你立志成为一个供应链管理者，那剩下的事就是如何发展你的事业，绽放你的人生。

知识获取需要平台，事业的发展也需要平台。CSCMP 实际上就是我获益最多的知识获取平台和事业发展平台。CSCMP 在全球 75 个国家和地区拥有 105 个圆桌分会，由 8,500 多名物流与供应链领域专业人员构成，最具有代表性的活动是每年举办的全球峰会。峰会每年至少有三四千名来自全球的物流与供应链领域专家、学者以及企业高管参加，他们齐聚一堂，探讨和交流供应链前沿趋势。CSCMP 是知识源泉，也是信息源泉。CSCMP 的专业资讯平台包括供应链管理通信、供应链实时热点、物流年报、美国商业物流杂志等。我在自学的同时也会参加行业活动，包括沙龙、培训以及会议等，这样不仅可以提升我的人际交往能力和沟通能力，同时还可以拓展我的职业网络。

万丈高楼平地起，要想攀升到事业的巅峰，我们需要找到事业发展的阶梯。我希望这套丛书能给大家提供好的内容资源，且每个供应链管理者也都能利用好协会这个宝贵的资源平台。

人生路漫漫，通向成功的路不止一条。外国人说，条条大路通罗马。中国人说，条条大路通北京。成为供应链管理师的路可能不止一条。我相信知识溢出效应，在前人的基础上前行，总能加快我们学习的速度，提升我们学习的效率。

王国文　博士

中国（深圳）综合开发研究院物流与供应链管理研究所所长

CSCMP 中国首席代表

推荐语

这本书讲述了许多经典的供应链管理案例。尽管供应链管理正经历着大变革，但这本书通过这些案例所总结的供应链协作、风险和不确定性应对、需求预测、库存管理、运输优化等方面的经验和教训仍然值得从业者学习和参考。

唐隆基

中国数字化学会特聘终身顾问

罗戈研究副院长

供应链管理在长期的研究与实践过程中，形成了大量的优质案例，有的甚至衍生出行业、国家、国际标准，为企业提供了以最佳方式为客户创造价值的模式、流程、方法、技术和工具。本书收集的经典案例是各类供应链管理实践的沉淀与总结，值得细读、深思、参考。

曾江辉

中国航空综合技术研究所研究员

中国供应链发展正处于从"自发"走向"自觉"的阶段，从业者急需一套与实践紧密结合的系统性理论指导体系。CSCMP 参与引进的这本书，通过案例构建了供应链管理底层知识结构和方法，能够帮助从业人员有效搭建全局性供应链知识应用框架，非常值得阅读和学习。

秦璐

北京交通大学物流工程系副主任

中物协（北京）物流工程设计院副院长

熟练掌握和有效运用供应链管理知识和技能莫过于践行。罗伯特·弗兰克尔博士运用众多真实的案例，剖析了供应链领域常见的问题及成功的解决方案。他通过分析标杆，为供应链管理者提供了一个新的视角，值得供应链管理专业人士研读、借鉴与参考。

王保华

原芬兰 ElcoteQ 集团、原海尔集团副总裁

中国物流学会常务理事

前言

供应链管理（Supply Chain Management， SCM）理论及其实践的发展演变速度很快，现在和未来的管理者必须要跟上发展趋势、会使用分析技术、能够进行世界一流水平的实践。但是，实际上大多数管理者无法得心应手地完成上述挑战，他们需要高级管理人员提供实际案例来学习并强化自身技能。

供应链管理需要做的工作范围很广，涵盖了业务预测、供应管理、需求计划、订单执行和售后服务，其中需求计划和售后服务分别发生在为客户提供服务之前和之后。擅长供应链管理的公司是那些真正进行了供应链管理实践并将实践应用于业务开展的公司。这些公司能够成功地将供应链管理范畴内的几乎所有工作都无缝衔接为一个核心流程，并通过这个流程把公司、客户和供应商连接起来。对这些公司而言，取得成功的方式有好几种，如为客户提供一流服务、最小化到岸总成本、平衡供需以及通过持续创新来为客户提供价值。

无论公司采取哪一种方式，一个不争的事实是，由于组织结构的约束，达到目标对管理者来说是一个挑战。公司内部存在结构约束，公司与其核心供应商和核心客户之间也存在结构约束。从历史的角度来看，公司内部有着不同的职能部门，各部门执行不同的预计划商业任务并以业务最优化为核心目标。这种结构使得各个团队各司其职，做自己最擅长的事，各自为供应商和客户创造对应价值。然而，这种大多数公司采用的结构存在缺陷。例如，在一个服务于同一批客户和供应商的团队内部存在目标、价值系统和方法论都不同的亚团队，如何实现亚团队级别的无缝交接就是一个问题。实际上，供应链管理专家认为，公司必须要先解决组织内部的交接问题，才能解决组织与关键供应商、客户之间的交接问题。经常有不同等级的管理者表示，尽管近年来这两类交接问题已成为高级管理人员长期关注的重点，但管理者对如何解决这两类交接问题还是知之甚少。

无论是大学生、企业白领还是公司高层，想要高效解决对商业人士造成持续困扰的供应链问题，他们需要完成一系列的任务来获取经验。这些任务包括识别公司面临的供应链问题的种类、得出可能的解决方案、对多个方案进行评估、对结果进行评价等。完成这些任务对学习者来说是很有帮助的。在很长的一段时间里，为了达到熟能生巧的目的，教师和学生可以利用商业案例来替代或者补充真实经历。案例学习能够帮助学习者培养定性、定量分析以及解决问题的能力；能够帮助学习者应用新知识，为复杂问题探索出新的解决方案；能够帮助学习者提升做决策、口头和书面表达的能力，强化时间管理技巧；能够帮助学习者提升社交能力、创造力，增强自信心。

本书提供了多个真实案例。案例中的管理者都为各种供应链管理问题而烦恼，我们相信各个年龄段、经验和阅历各异的学习者和管理者都能从这种"虚拟经验"中有所收获。书中的定制案例集由供应链管理专业协会委托的专家们提供，每一个案例都要求读者思考并解决特定问题，这些问题都在一定程度上反映了当代现实社会的供应链管理问题。和死记硬背课本文章相比，深入研究书中的案例能够让人收获更多。

全书分为 4 个部分，每个部分聚焦一个当代供应链管理中受关注并具挑战性的话题，每个部分包含 2~4 个案例。这 4 个部分的标题分别如下：供应链中的需求管理；供应链网络设计和分析；供应链中的风险和不确定性；供应链中的功能性任务。书中很多案例都是以全局的视野解读的，思考和评估解决方案的学习过程能够为学习者创造更多价值，同时我们相信这些案例也将会是教师宝贵的教学工具。

目录

第二部分
供应链网络设计和分析

06 食品供应链优化：嘉年华公司

第三部分
供应链中的风险和不确定性

10 特殊的供应链风险和不确定性：人道主义组织的物流

第四部分
供应链中的功能性任务

11 服务采购领域的突破：根森公司

12 精益生产：克莱默体育公司

13 向第四方物流转型的策略：UPS 物流公司

致谢

第一部分

供应链中的需求管理

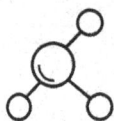

本部分包括 4 个案例。

多科莫重型机械设备有限公司的案例关注供应链备件的管理。在全球环境下，备件的供应链覆盖距离长，补货数量少，管理起来颇具难度。

Silo 制造公司的案例关注经济订货量管理，明确了经济订货量模型在实际使用时的限制条件和需要考虑的因素。

每家玛公司的案例关注季节特性对需求计划的影响。许多零售商在处理季节性或者进口类商品时经常会面临这个问题。

俄克拉荷马好意慈善事业组织的案例关注为非营利性公司的需求计划做决策。在这种商业环境中，需求平衡极易受到供应不确定性的影响。

这 4 个案例的重点都是需求管理，但每个案例侧重于管理流程的不同方面，每个方面对管理者来说都具有挑战性。

01

供应链备件管理：多科莫重型机械设备有限公司

纳拉亚南，休斯敦大学

萨谢蒂里，得州农工大学

案例背景

当保管人员出现在办公室里的时候，维诺德·梅赫拉才意识到已经凌晨 3 点了。维诺德是多科莫重型机械设备有限公司（Dockomo Heavy Machinery Equipment Ltd, 以下简称多科莫公司）的供应链副总监，他整晚都在分析来自印度浦那备件部门的数据。这天是 2010 年的 4 月 15 日，距离多科莫公司的年度审查仅仅只有两周时间。

多科莫公司备件部门的利润增长率和 2009 年同期的 20% 相比已经下降了 10%。由于备件供应没有到位，订单的取消率高达 8%。与此同时，系统库存却比 2009 年多出了价值 600 万美元的备件。库存数量随着取消的订单数量的增长而上升，维诺德不确定董事会会就此做出什么反应。

在会议上，董事会表示体谅维诺德，但是要求维诺德对公司的短板进行分析，并完成一个造成备件没有及时到位的要因报告，还要求他在下一次的季度会议上提供解决方案。维诺德早已意识到供应链存在许多问题，但是要对分配流程的缺陷建立清晰的认识，他还需要进行一次完整分析。

多科莫重型机械设备有限公司创立于 1961 年，当时主要面向建筑项目。多科莫公司成立后收益增长稳定，到 1970 年达到了 700 万美元，同年成为一家上市公司。从 1980 年到 1990 年，多科莫公司在印度的业务收益增长稳定，因此将业务延伸到了科技、手机等其他领域。1999 年，公司所有业务创收 100 亿美元。虽然多科莫公司的备件部门在备件配送市场拥有垄断地位，产生的利润额度也很高，但是在 20 世纪 90 年代，它仍然只是多科莫公司中一个相对较小的部门。2000 年，对多科莫公司业务增长具有关键影响作用的印度公共政策和服务合同发生了许多变化。印度政府增大了采矿点的开放程度，以满足能源项目日益增长的需求。这就对印度的重型机械建筑设备行业产生了直接影响，政策改变意味着对租赁设备的需求也会大幅增长。

多科莫公司有着前瞻性的眼光，意识到这些变化是潜在的发展机会。截至 1999 年，印度重型机械建筑设备的数量仅为 500 台，当时就有预测说未来几年内这个数字将会增长 20 倍。多科莫公司的备件部门必须进行改造才能够提高备件的可见度。在 2000 年，多科莫公司投资了大概 500 万美元部署了产品系统，使备件部门具备规划备件需求的能力。

1999 年，作为供应链改造工作的一部分，多科莫公司在印度浦那设立了一个中央配送中心（Central Distribution Center，CDC），并为其配置了一个占地 100,000 平方英尺（1 平方英尺 ≈ 0.93 平方米）的仓库。此外，多科莫公司还在泰米尔纳德邦的金奈、西孟加拉邦的加尔各答、北方邦的诺伊达设立了 3 个区域配送中心，各配置一个占地 30,000 平方英尺的仓库。至此，多科莫公司创建了一个供应链部门，副总监维诺德需要直接向董事会汇报相关情况。供应链部门后来又被进一步划分成采购部门和仓库运营部门。采购部门由一个采购主管和两个采购分析专家组成，仓库运营部门由一个仓库运营主管和两个内向物流主管、两个外向物流主管组成，配送中心的功能性运营被外包给了维仕导物流公司。

从 1999 年开始，备件部门的收入迅速上升，在 2009 年达到了 2.7 亿美元（见图 1-1）。然而，多科莫公司从未更新基于 1999 年大环境的库存和采购政策。

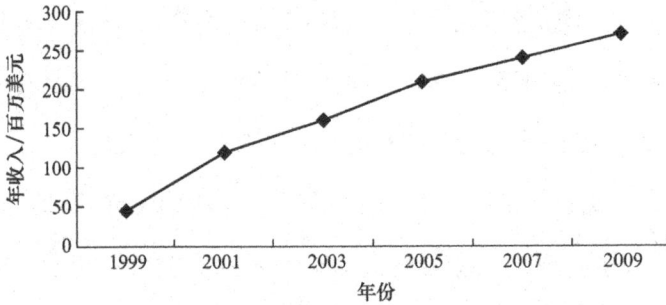

图 1-1　多科莫公司备件部门的年收入（从 1999 年到 2009 年）

多科莫公司的供应链合作伙伴

2010 年，3 家供应商正在蒲那的中央配送中心运送货物。多科莫公司的重型机械产品的主要类别为起重机（一种通过伸出的摆臂操纵重物的机器）、自动倾卸车（一种用于在建筑工地上运送散装物料的车辆）、平地机（一种带有长叶片的机器，用于平整地面）。从 1999 年到 2010 年，多科莫公司新增了 6 个型号的起重机、4 个型号的平地机、6 个型号的自动倾卸车，零件主清单从 2 万个增长到 5 万个。多科莫公司热卖的起重机包括 EX300、EX270、EX150、EX70 几个型号，重量分别是 300 吨、270 吨、150 吨和 70 吨。起重机的关键部件和液压零件的供应商是韩国的 EJK 公司。印度浦那的另一家供应商 KPLI 公司提供的是大件的功能性部件，该公司将仓库直接设在了位于印度浦那的多科莫公司中央配送中心的对面。第三家供应商是总部在卡纳塔克邦班加罗尔市的 Scan 公司，它为多科莫公司提供新型倾卸车和平地机的部件。3 家供应商所提供的服务占比分别为：EJK 公司 15%，KPLI 公司 80%，Scan 公司 5%，如图 1-2 所示。

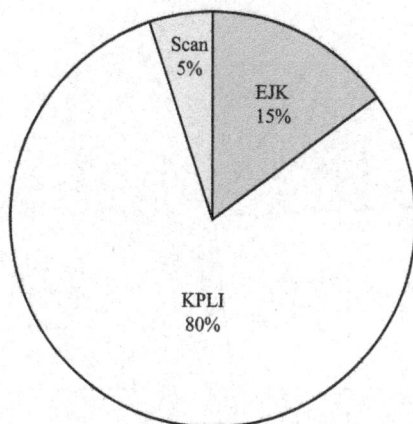

图 1-2　多科莫公司 3 家供应商供应部件的比例

每家供应商都有不同的配送要求，KPLI 公司要求配送服务请求需要提前 2 周告知，Scan 公司要求提前 1 个月，EJK 公司作为一家跨国供应商则要求提前 3 个月。EJK 公司有液压零件部和机械零件部两个部门，其中，液压零件部要求的提前时间为 4 个月，机械零件部则要求 3 个月。对于需要空运送达的紧急订单，供应商会额外收取 7% 的费用。

多科莫公司的备件业务已经到了一个十字路口（见图 1-1、图 1-3）。从 1999 年到 2009 年的 10 年时间里，多科莫公司的配送总量增长了一倍多。虽然多科莫公司在印度仍然拥有超过一半的市场占有率，但其他公司正在迎头赶上，这些公司承诺提供更好的客户服务。市场调研结果显示，客户偏爱多科莫公司是因为它是行业的老字号，可信度更高。在印度，可信度尤其重要。同时，客户也表达了对多科莫公司部件供应不及时的不满，接受调研的客户中有 30% 表示，如果合同没有毁约的惩罚条款，他们就会转而选择另一家重型设备供应商。客户的不满促使多科莫公司改变其供应链的管理策略。

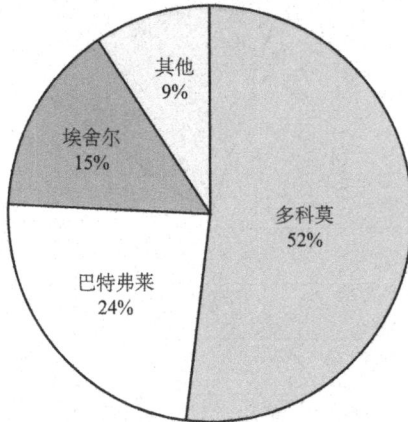

图 1-3　各公司重型设备在印度的市场所占份额

开始分析前，维诺德收集了一些印度其他设备生产商的数据。图 1-3 展示了多科莫公司和竞争对手的市场占有率情况。多科莫公司的市场占有率为预料之中的 52%，仅次于它的是占有率为 24% 的巴特弗莱公司。但在 4 年的时间里，巴特弗莱公司的增长率为惊人的 250%，而多科莫公司仅为 110%。此外，还出现了一个灰色市场，它威胁到正品零件的供应。小公司把灰色市场产品贩卖到重型设备数量密集的采矿点，这些灰色市场产品看起来和真货无异，价格却相对低廉很多。当时没有公司或法律管控灰色市场，唯一的约束就是保修和服务合同上关于客户使用灰色市场产品的惩罚条款。

多科莫公司的现状

多科莫公司的供应链部门进行了裁员，员工数量从 1999 年的 9 名变为 2010 年的 7 名，其中，只有 2 名采购计划分析专家，各自负责大约 5 万个部件的采购计划。2010 年，创收前 5 名的产品的预测偏差高达

70%，首次拾取率严重下降（首次拾取率指的是客户购买产品时，仓库里的部件库存充足情况的比率）。2008 年，多科莫公司的首次拾取率为48%；而 2010 年，仅为惨淡的 29%。

多科莫公司雇了一个叫作托马斯咨询所的供应链咨询团队，请他们分析公司配送网络的缺陷。托马斯咨询所的项目经理和分析专家拜访了多科莫公司所有的配送中心来了解整个采购流程。他们的分析报告显示，多科莫公司的订单策略基于过去一年的月平均消费量，而对于备件行业，月平均消费量这个指标的可靠度很低。很明显，多科莫公司需要转变为基于需求模式来确定订单策略，而不是基于消费模式。为了应对变化的需求，多科莫公司囤积了一大批安全库存，每个配送中心的库存数量都是由采购人员的经验决定的，大概是平均需求的 1.2~2 倍，具体还取决于需求波动和产品的订购提前期。部件以成本为分类标准，每 3~6 个月就要采购一次成本较低的产品，以在订购成本上达到一定的规模。此外，区域和中央配送中心之间还存在互相不信任的情况，容易导致订购恐慌和系统数据不一致。

供应链咨询团队的初步分析

为了更好地定位问题，该咨询团队的分析专家首先基于订单频率对库存进行了分类。分析结果显示，多科莫公司在印度大概有价值 3,000 万美元的库存，其中有 1/3 是两年都无人问津的呆滞库存。此外，有价值700 万美元的库存过去一年被订购次数小于 5 次。总体平均年库存周转系数大概为 2.4，远低于印度备件行业的平均值 4。按照订单频率，部件被划分成快销类、次快销类、慢销类、次慢销类和呆滞类，如表 1-1 所示。在分析的时候，多科莫公司的中央配送中心的库存总值为 1,000 万美元。随着新型部件的上市，作为老产品的那些备件就滞销了，多科莫公司计划第二年彻底清空这些呆滞库存。

表 1-1　托马斯咨询所为多科莫公司提出的部件分类法

每年的订单频率	种类	存货单位总量	百分比
大于 200	快销类	450	0.90%
大于等于 50 且小于等于 200	次快销类	1,250	2.50%
大于等于 10 且小于 50	慢销类	12,000	24.00%
小于 10	次慢销类	18,000	36.00%
过去两年订单量为 0	呆滞类	18,300	36.60%

为了辅助设计解决方案，维诺德给咨询团队提供了每个类别下销量前 20% 的库存单位产品，他们需要为这些产品制定一个需求预测和安全库存确定的策略，相关数据见表 1-2 和表 1-3a 到表 1-3d[1]。

表 1-2　库存单位、所属种类、供应商、价格和订货提前期的库存表

库存单位	所属种类	供应商	价格 / 美元	订货提前期 / 月
Cr101	快销类	EJK 公司（液压零件部）	1,987	4
Cr102	快销类	Scan 公司	161	1
Cr103	快销类	EJK 公司（机械零件部）	234	3
Cr104	快销类	EJK 公司（机械零件部）	1,944	3
Cr105	快销类	KPLI 公司	1,725	1
Cr106	快销类	KPLI 公司	892	1
Cr107	快销类	KPLI 公司	1,987	1
Cr108	快销类	Scan 公司	1,898	1

1　由于篇幅有限，只提供了每种产品类别销量前 10 的库存单位的数据。由于呆滞库存即将被清空，它们的数据不用提供。

续表

库存单位	所属种类	供应商	价格/美元	订货提前期/月
Cr109	快销类	KPLI 公司	462	1
Cr110	快销类	KPLI 公司	1,098	1
Cr111	次快销类	EJK 公司（机械零件部）	433	3
Cr112	次快销类	KPLI 公司	2,801	1
Cr116	次快销类	KPLI 公司	127	1
Cr118	慢销类	KPLI 公司	3,062	1
Cr121	次慢销类	EJK 公司（机械零件部）	3,211	3
Cr122	次快销类	KPLI 公司	2,388	1
Cr126	次慢销类	KPLI 公司	9,921	1
Cr131	慢销类	KPLI 公司	7,796	1
Cr132	次快销类	KPLI 公司	1,732	1
Cr133	慢销类	KPLI 公司	4,883	1
Cr137	次慢销类	EJK 公司（液压零件部）	49,121	4
Cr166	慢销类	EJK 公司（机械零件部）	8,769	3
Cr166	次慢销类	KPLI 公司	7,771	1
Cr222	慢销类	KPLI 公司	22,844	1
Cr321	次快销类	EJK 公司（机械零件部）	4,208	3
Cr343	次慢销类	KPLI 公司	4,323	1
Cr573	次慢销类	KPLI 公司	6,543	1
Cr645	慢销类	KPLI 公司	3,546	1
DM102	次快销类	EJK 公司（液压零件部）	3,321	4
DM109	次慢销类	KPLI 公司	1,322	1
DM115	次慢销类	Scan 公司	5,023	1
DM124	次快销类	KPLI 公司	1,517	1
DM234	次快销类	KPLI 公司	1,656	1
DM235	慢销类	KPLI 公司	10,176	1
DM333	次快销类	KPLI 公司	3,178	1
Gr100	次慢销类	KPLI 公司	5,437	1
Gr114	慢销类	KPLI 公司	11,936	1
Gr122	慢销类	EJK 公司（液压零件部）	3,189	4
Gr355	次慢销类	KPLI 公司	71,200	1
Gr365	慢销类	KPLI 公司	13,349	1

表 1-3a   快销类产品的月需量

月份	Cr101	Cr102	Cr103	Cr104	Cr105	Cr106	Cr107	Cr108	Cr109	Cr110
2007 年 1 月	306	11	3	70	38	24	181	70	14	100
2007 年 2 月	367	90	14	98	9	41	93	98	22	200
2007 年 3 月	294	2	0	71	28	45	60	71	4	255
2007 年 4 月	286	0	0	56	3	56	3	47	9	265
2007 年 5 月	298	90	70	48	12	48	67	55	33	0
2007 年 6 月	322	10	15	47	25	49	46	30	69	5
2007 年 7 月	357	34	22	66	0	48	34	70	0	0
2007 年 8 月	380	46	18	93	14	42	67	93	9	1
2007 年 9 月	484	20	0	107	6	39	28	107	3	65
2007 年 10 月	512	64	14	116	26	56	87	148	19	5
2007 年 11 月	544	78	11	121	21	50	169	133	9	142
2007 年 12 月	503	120	0	124	1	66	29	108	0	10
2008 年 1 月	497	99	0	126	17	74	92	112	5	0
2008 年 2 月	454	162	0	133	10	77	83	79	15	2
2008 年 3 月	390	338	98	118	6	68	50	67	2	31
2008 年 4 月	388	27	14	112	8	66	0	78	0	32
2008 年 5 月	422	39	1	108	0	78	27	70	7	79
2008 年 6 月	434	26	0	102	8	82	38	60	0	36
2008 年 7 月	456	54	0	108	0	71	0	50	6	169
2008 年 8 月	484	160	22	114	0	86	0	114	1	260

续表

月份	Cr101	Cr102	Cr103	Cr104	Cr105	Cr106	Cr107	Cr108	Cr109	Cr110
2008年 9月	501	145	32	128	2	90	95	78	0	501
2008年 10月	544	553	1	133	0	96	108	102	17	246
2008年 11月	480	149	34	140	5	103	125	114	6	416
2008年 12月	453	75	14	144	0	110	111	128	45	399
2009年 1月	454	23	62	148	14	119	0	120	7	212
2009年 2月	460	11	0	156	0	127	101	113	20	303
2009年 3月	403	6	7	144	2	133	89	112	3	590
2009年 4月	392	0	0	139	0	141	61	83	12	177
2009年 5月	403	11	56	141	0	166	195	86	9	949
2009年 6月	434	6	61	132	1	158	52	107	21	137
2009年 7月	448	134	21	140	5	168	53	109	3	214
2009年 8月	452	148	14	148	3	179	112	104	132	678
2009年 9月	501	185	1	156	11	181	171	111	55	100
2009年 10月	492	161	13	168	8	189	163	108	17	52
2009年 11月	503	259	19	172	4	192	84	132	23	165
2009年 12月	484	80	30	176	33	196	68	140	31	95
2007年、2008年、2009年的订单数据										
2007年 订单数	204	284	257	255	205	202	289	286	290	345
2008年 订单数	234	216	216	311	224	207	278	250	242	262
2009年 订单数	245	312	284	291	241	305	306	344	233	300

表 1-3b　次快销类产品的月需量

月份	Cr111	Cr112	DM124	DM333	DM234	Cr321	Cr122	DM102	Cr116	Cr132
2007 年 1 月	103	6	1	5	225	61	10	79	4	81
2007 年 2 月	0	16	19	4	413	52	11	20	6	100
2007 年 3 月	22	1	4	4	147	67	9	59	8	113
2007 年 4 月	0	4	24	65	96	61	14	31	12	125
2007 年 5 月	14	6	18	50	253	68	7	39	14	139
2007 年 6 月	1	12	32	6	220	75	11	27	2	124
2007 年 7 月	3	0	43	236	242	80	7	34	0	129
2007 年 8 月	0	4	23	0	419	81	12	11	2	129
2007 年 9 月	4	4	9	55	415	77	7	12	1	127
2007 年 10 月	18	7	12	52	158	70	9	61	5	114
2007 年 11 月	2	13	27	0	0	78	9	21	0	100
2007 年 12 月	16	0	6	246	15	61	6	14	0	101
2008 年 1 月	10	8	2	6	1,241	61	6	14	2	101
2008 年 2 月	16	1	4	0	715	56	14	18	0	108
2008 年 3 月	2	5	4	20	749	47	12	67	1	107
2008 年 4 月	0	0	29	6	204	44	7	61	2	91
2008 年 5 月	6	0	2	13	877	41	14	2	0	79

续表

月份	Cr111	Cr112	DM124	DM333	DM234	Cr321	Cr122	DM102	Cr116	Cr132
2008 年 6 月	4	0	0	4	509	42	14	13	20	85
2008 年 7 月	4	1	0	10	244	41	13	2	31	78
2008 年 8 月	2	7	0	3	1,045	39	8	3	2	73
2008 年 9 月	38	2	8	0	235	40	7	6	4	77
2008 年 10 月	27	2	2	11	436	42	10	25	2	90
2008 年 11 月	39	0	16	10	273	47	11	6	0	100
2008 年 12 月	23	2	2	2	605	53	6	9	27	108
2009 年 1 月	29	1	0	5	474	56	8	7	0	129
2009 年 2 月	10	5	16	12	451	59	7	1	27	120
2009 年 3 月	0	1	8	40	697	68	8	0	27	124
2009 年 4 月	15	10	9	11	481	73	6	3	33	125
2009 年 5 月	13	0	7	7	519	83	6	23	56	131
2009 年 6 月	3	5	3	15	440	88	12	2	0	140
2009 年 7 月	43	4	13	20	312	87	12	8	20	151
2009 年 8 月	0	8	14	25	511	90	15	16	56	164
2009 年 9 月	0	1	37	8	570	83	11	4	33	163

续表

月份	Cr111	Cr112	DM124	DM333	DM234	Cr321	Cr122	DM102	Cr116	Cr132
2009 年 10 月	12	4	2	16	399	98	7	26	51	170
2009 年 11 月	22	14	10	54	655	95	7	32	88	163
2009 年 12 月	0	8	7	0	504	81	12	36	102	148
2007 年、2008 年、2009 年的订单数据										
2007 年 订单数	79	73	134	74	145	66	112	113	79	73
2008 年 订单数	100	69	69	85	148	111	87	143	100	69
2009 年 订单数	96	61	92	58	127	139	59	98	96	61

表 1-3c　慢销类产品的月需量

月份	Cr131	Cr133	Cr118	Cr166	DM235	Gr122	Gr365	Gr114	Cr645	Cr222
2007 年 1 月	5	52	3	0	12	1	5	1	4	3
2007 年 2 月	4	0	0	3	12	10	0	24	6	0
2007 年 3 月	1	25	4	4	6	1	0	0	0	4
2007 年 4 月	1	0	25	5	0	0	7	0	0	0
2007 年 5 月	0	0	23	0	0	2	14	0	0	0
2007 年 6 月	2	26	36	0	6	1	20	0	0	4
2007 年 7 月	3	0	15	6	0	0	13	22	4	0
2007 年 8 月	6	0	4	0	0	1	8	13	0	0

续表

月份	Cr131	Cr133	Cr118	Cr166	DM235	Gr122	Gr365	Gr114	Cr645	Cr222
2007 年 9 月	0	26	9	5	0	0	19	6	0	9
2007 年 10 月	2	41	0	7	2	0	11	18	5	1
2007 年 11 月	1	0	18	0	4	0	13	6	0	12
2007 年 12 月	0	26	4	0	5	1	8	15	0	1
2008 年 1 月	0	0	3	0	0	1	30	18	0	18
2008 年 2 月	0	0	16	0	5	0	18	94	0	0
2008 年 3 月	4	26	8	2	6	6	28	89	10	2
2008 年 4 月	2	0	20	0	6	1	26	6	0	1
2008 年 5 月	0	0	20	10	0	0	26	3	0	0
2008 年 6 月	0	26	21	0	0	1	1	50	0	2
2008 年 7 月	0	52	0	0	6	2	5	7	18	6
2008 年 8 月	0	0	0	2	5	5	9	26	2	3
2008 年 9 月	0	56	26	0	6	1	19	0	10	0
2008 年 10 月	0	26	2	1	7	4	27	77	12	7
2008 年 11 月	0	52	0	2	30	0	24	57	0	0
2008 年 12 月	0	2	34	12	0	0	28	13	12	0

续表

月份	Cr131	Cr133	Cr118	Cr166	DM235	Gr122	Gr365	Gr114	Cr645	Cr222
2009 年 1 月	4	178	12	1	0	2	7	0	0	8
2009 年 2 月	0	89	7	0	4	3	8	0	0	0
2009 年 3 月	0	26	14	1	0	3	24	56	0	0
2009 年 4 月	0	116	5	0	14	1	24	44	0	9
2009 年 5 月	5	79	10	0	6	2	20	66	0	0
2009 年 6 月	2	64	10	1	0	2	16	0	0	0
2009 年 7 月	0	58	0	0	45	5	19	18	55	1
2009 年 8 月	2	0	0	5	0	4	20	29	0	6
2009 年 9 月	1	52	5	1	0	0	24	64	10	0
2009 年 10 月	2	0	14	0	0	13	23	62	40	7
2009 年 11 月	6	72	0	1	18	0	21	60	25	0
2009 年 12 月	0	0	14	0	0	2	20	92	0	9
2007 年、2008 年、2009 年的订单数据										
2007 年 订单数	12	28	19	13	20	13	32	18	13	16
2008 年 订单数	11	18	16	16	22	11	21	37	17	21
2009 年 订单数	12	21	21	10	19	14	29	48	39	11

表 1-3d 次慢销类产品的月需量

月份	Cr121	Cr126	Cr166	Cr137	Cr343	DM115	DM109	Gr100	Gr355	Cr573
2007 年 1 月	12	0	0	3	4	1	0	3	0	10
2007 年 2 月	0	0	0	0	0	0	0	0	0	10
2007 年 3 月	0	0	0	2	0	0	0	0	0	0
2007 年 4 月	0	0	12	0	0	0	33	4	0	0
2007 年 5 月	0	4	0	0	6	0	0	0	0	0
2007 年 6 月	0	0	0	0	0	0	0	0	934	0
2007 年 7 月	0	0	0	0	0	1	0	0	0	0
2007 年 8 月	24	7	0	0	0	0	0	0	0	0
2007 年 9 月	0	0	0	0	0	0	0	5	0	12
2007 年 10 月	3	0	0	0	0	0	0	0	0	0
2007 年 11 月	0	0	0	0	0	0	56	0	0	0
2007 年 12 月	6	0	0	0	0	1	0	7	0	0
2008 年 1 月	0	0	0	0	0	0	0	0	0	0
2008 年 2 月	0	0	0	0	0	0	0	0	0	0
2008 年 3 月	6	6	0	0	1	2	0	0	0	0
2008 年 4 月	0	0	0	0	0	0	0	0	1	0
2008 年 5 月	0	0	0	0	0	4	0	0	0	0

续表

月份	Cr121	Cr126	Cr166	Cr137	Cr343	DM115	DM109	Gr100	Gr355	Cr573
2008年6月	0	6	0	0	0	0	0	0	0	0
2008年7月	3	0	0	0	0	0	23	1	0	10
2008年8月	0	0	0	0	0	0	51	0	0	0
2008年9月	33	1	14	0	0	0	66	0	0	0
2008年10月	0	0	0	0	0	4	34	1	0	0
2008年11月	0	0	0	0	0	9	0	0	1,080	0
2008年12月	12	0	0	0	0	4	0	0	0	0
2009年1月	0	0	16	0	0	0	0	0	0	8
2009年2月	0	0	0	1	5	0	0	0	0	0
2009年3月	7	0	0	0	0	2	0	0	556	0
2009年4月	0	0	0	0	0	0	0	2	0	317
2009年5月	0	2	0	2	0	0	34	0	0	4
2009年6月	8	0	0	4	0	1	0	0	0	192
2009年7月	0	0	0	0	4	0	0	5	0	10
2009年8月	0	4	2	0	0	0	0	0	0	0
2009年9月	0	0	0	1	0	0	23	0	0	0
2009年10月	0	0	0	1	4	2	0	5	0	0

续表

月份	Cr121	Cr126	Cr166	Cr137	Cr343	DM115	DM109	Gr100	Gr355	Cr573
2009 年 11 月	15	6	0	0	0	0	0	0	0	0
2009 年 12 月	0	0	0	0	5	0	21	0	0	0
2007 年、2008 年、2009 年的订单数据										
2007 年 订单数	7	2	1	2	2	3	6	4	9	3
2008 年 订单数	9	2	1	1	1	4	4	3	9	2
2009 年 订单数	6	3	4	5	4	3	7	3	8	8

需求预测的阻碍

　　维诺德和咨询团队一致认为，一个具有需求预测系统的主动式供应链能够解决部件供给的问题，但是如今的需求预测是基于人的经验而不是数学预测工具。数据的分析结果显示，库存单位几乎没有诸如趋势或者季节性一类的时序特性需求。在给出的库存单位中，显示出趋势特性和季节特性需求的各占 20%，剩余 60% 的需求都极其不稳定。图 1-4 中，Cr106 的订购量呈现积极的上升趋势；Cr101 则呈现出了季节特性，年初订购量出现波峰，年中出现波谷；Cr102 的库存单位并没有一个特定模式，这类部件预测起来十分困难。所以现在的做法是，采购人员基于经验，每年对几乎全部产品进行一次需求预测。对于快销类和次快销类产品，他们每月或者每个季度定期更新预测数据。由于不同类别产品的需求模式不同，当下就需要找出那些能够被预测的产品，并对其应用合适的预测工具。

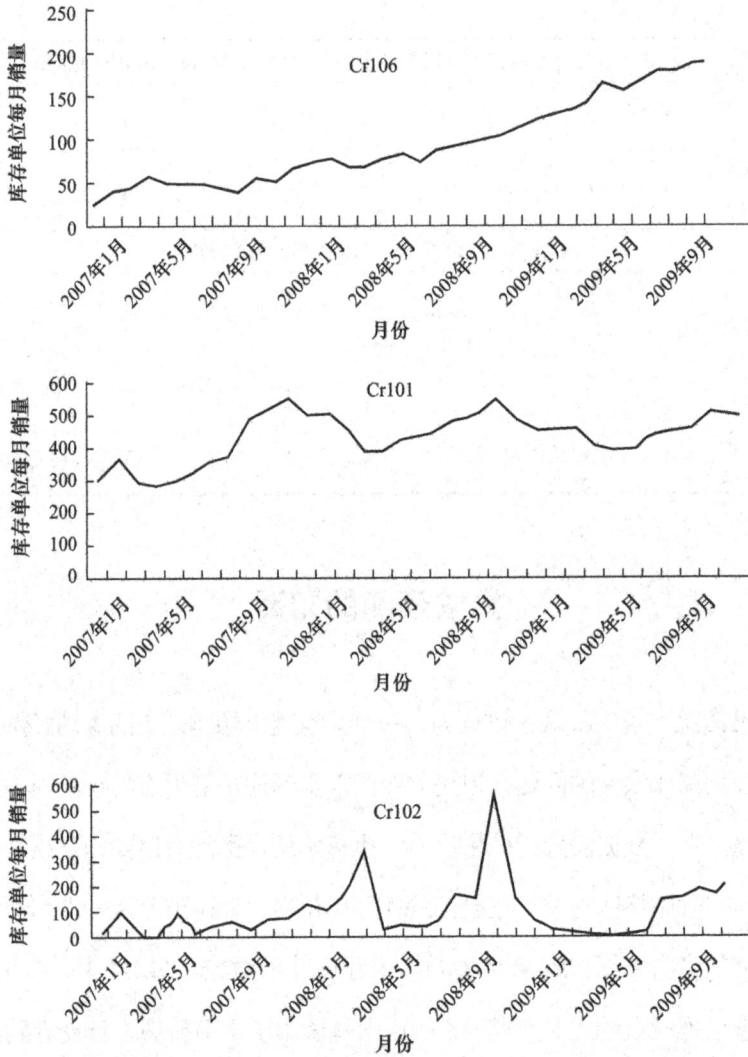

图 1-4　Cr106、Cr101 和 Cr102 的需求分布情况

　　需求预测的另一个阻碍来源于多科莫公司的供应商之一——韩国的 EJK 公司。该公司要求订购机械部件需要提前 3 个月通知,液压部件则需要提前 4 个月通知。提前 3 个月预测需求难度极大,尤其是当业务向好的方向发展和需求模式难以确定的时候。但由于 3 个月是从准备好原材

料到生产完成所需时间的一个保守估计，EJK 公司无法将其缩短。因此维诺德和咨询团队面临的挑战就是，在订货提前期为 3 个月的情况下设定一个需求预测框架。

确定安全库存量的阻碍

整个团队现在最担心的就是越来越频发的缺货现象。多科莫公司的库存系统并没有对缺货情况进行跟踪，员工仅从客户那里听到关于缺货的抱怨。咨询团队需要基于过去 6 个月的订单量、库存量和配送中心的送货数据来计算每个类别大概的缺货数量。图 1-5 展示了每种类型产品的缺货百分比，当得出这个结果时，团队都感到很惊喜，因为每种类别产品的数据都相对稳定，快销类、次快销类、慢销类、次慢销类的大致缺货百分比分别是 8%、10%、3% 和 2%。如之前所说，多科莫公司没有使用数学工具来计算安全库存量，安全库存量仅仅是平均消费量的一个倍数。

在大多数企业资源规划的一揽子计划中，安全库存量的计算是基于正态分布的，也就是假设需求满足正态分布。但团队在分析需求模式时发现，需求符合正态分布的库存单位占比不到 3%。[1] 大多库存单位的需求呈现极其右偏的偏态分布。图 1-6 展示了 3 种库存单位的需求分布情况，Cr106 和 Cr137 是呈左偏的，Cr108 则近似呈正态分布。这些独特的需求模式对公司团队造成了阻碍，因为如果对其进行正态分布的假设，就会得出错误的安全库存量。因此，必须采用另外的方式计算这类产品的

---

1 可能符合正态分布的产品经过了柯尔莫可洛夫 - 斯米洛夫检验（Kolmogorov-Smirnov test, K-S test）。

安全库存。多科莫公司希望能够为所有客户提供至少 95% 的订单完成率 [1] 的服务水平,如达到 95% 的订单完成率,还希望在改进落实以后,首次拾取率能够达到 70%。

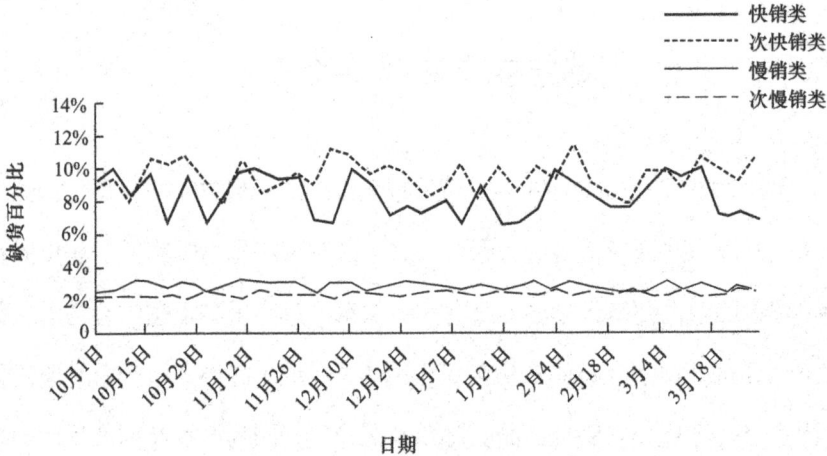

图 1-5 每种类型产品的缺货百分比(始于 2009 年 10 月)

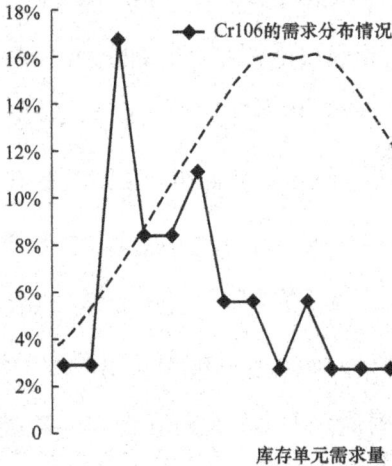

图 1-6 满足正态分布的 Cr106、Cr137 和 Cr108 的需求分布情况

---

1 有的产品(比如慢销和次慢销类)订单完成率超过了 95%。

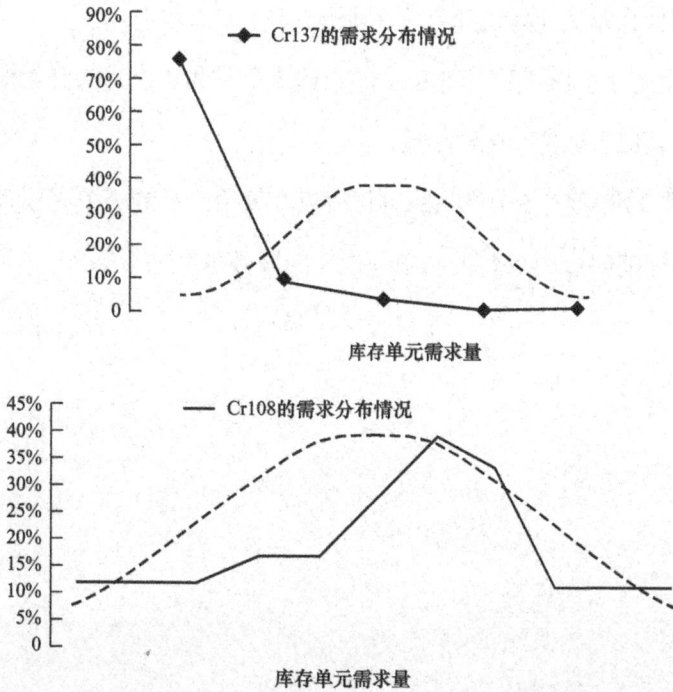

图 1-6　满足正态分布的 Cr106、Cr137 和 Cr108 的需求分布情况（续）

维诺德和咨询团队有刚好两个月的时间制定一个策略来解决公司的需求预测和安全库存量的问题。

讨论题

（1）如何对不稳定的需求进行预测呢？维诺德是应该对所有库存单位进行预测，还是对快销类库存单位、次快销类库存单位、慢销类库存单位、次慢销类库存单位几种主要类别进行预测，又或者只对某一类别下的子集进行预测呢？

（2）安全库存量的问题如何解决？如果产品需求不满足正态分布，

应该使用什么方法计算其安全库存量呢?

（3）对于韩国供应商 EJK 公司长达 3 个月和 4 个月的订货提前期，多科莫公司应采取什么应对措施?

（4）如何确定各个产品的再订货点? 每个产品的订单完成率需要达到多少，才能够达到 95% 的订单完成率的服务水平?

02

使用经济订货量进行管理：Silo 制造公司

泰德·法瑞斯博士，北得克萨斯大学

使用经济订货量制定订货策略

为了让人们觉得这是一个现代化制造商，Silo 制造公司改成了现在的这个名字。Silo 制造公司总部位于弗吉尼亚州的黑堡，是一家提供谷类储存塔和筒仓产品的公司。它的客户远至北边的宾夕法尼亚的大学公园，西边的田纳西州的诺克斯维尔，南边的佐治亚州的斯泰茨伯勒。近几年，Silo 制造公司将业务扩展到农业工程中的电梯设计和安装服务，但核心业务仍然是制造谷类升降机。

公司的制造副总监弗里斯·马丁某天来到公司总裁罗伯特·莱文的办公室，对他说："我需要你的帮助，财务总监弗雷德·弗格森和采购总监彼得·帕特拉克拉斯基对订购策略有分歧。""我要怎么帮你呢？"莱文戴着眼镜望向马丁，问道。马丁说："弗雷德和彼得都很坚持自己的想法，两个人都力图保护各自部门的利益。"

"说白了就是彼此的目标冲突了，"马丁回答道，"弗雷德说周转库存的费用占到了 32%，他想削减这个费用，彼得让实习生计算了订购成本，结果很吓人，不管订单量是多少，我们每下一个订单就会花费 48 美元。所以这两位总监为了达成自己的绩效目标，都想让对方改变运营策略。我想让他们两边都做一点让步，但是不太确定这样是不是最合适的。"

"公司的首要绩效目标是削减费用，提高收益，"莱文回复道，"这两个人得明白，公司的绩效为上。给他们两人一个测试案例来设计各自的订货策略，为自己的策略进行辩解，然后我们就能知道该怎么做了。"

"我建议用编号为 64-1909 的部件，"马丁回复，"这种部件的单价是 112 美元，我们每年都会买 10,752 个。虽然我们不用按箱订购，但它每次都是以一箱 15 个的形式发过来。平均订购提前期为 8.2 天，标准偏差为 1.7 天。"

在会议室里，弗雷德和彼得提出了各自对 64-1909 部件的订购策略。作为采购总监的彼得宣称，通过大量订购能够减少采购成本，并且建议将每次的订购量设置为 32 箱。同时他也指出，不建议采购非整箱的产品，因为这样货物的数量可能会不正确，从而导致更多的开销。财务总监弗雷德则认为，搬运库存的成本是最大的问题，每次的订购量应该为 4 箱才能压低平均库存量。为了协调双方的策略，莱文建议可以使用经济订货量（Economic Order Quantity，EOQ）确定订购数量。

莱文补充道："经济订货量可能会很复杂，最原始的经济订货量的概念，也就是'威尔逊经济订货量'（Wilson's EOQ），其实是哈里斯[1,2]（F. W. Harris）在 1913 年提出的，但是有一个叫作威尔逊（R. H. Wilson）的咨询师采用并广泛应用了这个模型，由于他对这个模型开展了深入的分析[3,4]，模型就以他的名字命名了。这个模型通过计算最佳订货量来得出最低总库存成本，这个最佳订货量用 Q^* 来表示。经济订货量是对库存持有成本和订购成本的一个平衡——正好对应我们当前的问题。

"现在衍生出了一些更复杂的模型，考虑到大量订购的折扣价格、延期交货成本以及零担和整车配送的运费差异，还考虑到增加仓库的阶跃函数，因为仓库增加，库存持有成本就会受影响。有的还考虑到最佳生产量。针对任何可能影响经济订货量的变量，可能都有对应的拓展模型，有一个模型甚至还考虑到了月亮的盈亏！"

有很多对经济订货量的假设，例如[5]：

（1）已知需求量，且需求持续不断；

（2）已知补货量和订货提前期，且补货持续不断；

（3）整个订单同时交付；

（4）所有的需求都能得到满足；

（5）价格和成本与订单规模无关（订购量大也没有折扣价）；

（6）没有在途库存；

（7）单项库存或库存项之间彼此独立；

（8）计划展望期无限长；

（9）资金无限多。

最原始的哈里斯－威尔逊模型的经济订货量的基本公式如下。

$$Q^* = \sqrt{\frac{2 \times 年度需求量 \times 订购成本}{库存持有成本 \times 单位价格}}$$

会议结束的时候，马丁同意了这个提议，并将其总结为表 2-1。

表 2-1　会议结果

订购量	每单 箱数	每年 订单量	年度订购 成本	年度内部 资本成本	年度 总成本
（单位库存）					
弗雷德					
近整箱货物的经济 订货量					
经济订货量					
彼得					

如何协调不同部门的绩效目标

公司的副总裁弗里斯·马丁某天又来到公司总裁罗伯特·莱文的办公室，对他说："罗伯特，你上个月给的用经济订货量确定订购数量的建议生效了，我们找到了让库存持有成本和订购成本的总和最小的最佳订购量。"

"我们对凝聚力有了更深的认识，"莱文回答道，"但是仍存在相互冲突的管理目标。最近，我招了一位新的库存管理经理，他叫埃德·戴维斯。我计划在下一次行政领导圆桌会议上把公司库存减少 8.9% 的任务委托给他。我们公司还有很多人认为这是一个零和博弈，埃德将会做好他的工作，公平地保护各方利益。"

两周以后，埃德参加了行政领导圆桌会议。会议第一个议程是年度绩效目标的分配。不出所料，会议将公司库存减少 8.9% 的任务分配给了埃德。实际上，埃德早就开始寻找达成这个目标的途径了。因为总裁莱文支持使用经济订货量的模型，因此他必须管理这个模型中的变量才能够成功。

圆桌会议期间，涌现了许多野心勃勃且可实现的绩效目标。看到销售副总监史蒂夫·史密斯、财务总监弗雷德·弗格森、采购总监彼得·帕特拉克拉斯基都接受了提升各自部门绩效的目标，埃德感到很高兴。会议结束后，埃德觉得自己加入了一家眼光长远的好公司，并且大家都团结一致，在这种文化氛围中做事，他说不定还能够建立一个无库存系统呢！

埃德睡了一个安稳觉，第二天起床后，就着一杯双份浓缩咖啡和一盒橙色小红莓开心果饼干，他开始琢磨如何才能把公司的库存减少8.9%。

他猛地想起：史蒂夫、弗雷德和彼得的目标都很有战略意味，但是如果史蒂夫提升了每年的需求量，经济订货量和公司的库存数量就会上升；同样，如果弗雷德和彼得两人也都成功达到了各自的绩效目标，那么公司库存数量又会进一步上升。他们的绩效目标和自己的是相抵触的呀。埃德现在只能想办法减少订购成本了，而建立无库存系统又是另一回事！

面对这种两难困境，他想到了爱因斯坦说过的一句话：[6]

"提出一个问题比解决一个问题更重要，后者所需要的不过是数学或经验技巧罢了。提出新的问题、发现新的可能性、从新的视角看旧的问题都需要创造性的想象力，这是真正的进步。"

埃德需要64-1909部件的详细信息，基于此才能知道要采取什么策略来达成目标。上一年，64-1909部件共计使用了10,752个，平均成本为每个112美元。不管订购量是多少，订购成本都是48美元，库存持有成本为32%。

讨论题

（1）弗雷德建议每次订购4箱，而彼得建议每次订购32箱，这两种做法的成本相差多少？

（2）莱文建议使用经济订货量，如果要使得年度总成本达到最低，马丁应该建议订购量为多少呢？

（3）我们再来探讨一下"鲁棒性"（robustness）的概念。莱文使用经济订货量的提议可能并不现实，因为公司更愿意以整箱为单位订购。

如果订货量下降到最接近的整箱数量，也就是下降 2.78%，年度总成本会改变百分之多少呢？如果订货量上升至最接近的整箱数量，年度总成本又会改变百分之多少呢？提示：使用公式（新的总成本 / 之前的总成本 −1）

（4）如果销售副总监史蒂夫把销量提高了 9.6%，订购成本为多少，埃德才能够达成自己的目标？提示：销量在 100 的基础上增长 10% 就是 110。

（5）如果销售副总监史蒂夫把销量提高了 9.6%，并且财务总监弗雷德把库存持有成本从 32% 降到 29.4%，订购成本为多少，埃德才能够达成自己的目标？

（6）如果销售副总监史蒂夫把销量提高了 9.6%，财务总监弗雷德把库存持有成本从 32% 降到 29.4%，采购总监彼得把平均单位成本减少 5.2%，订购成本为多少，埃德才能够达成自己的目标？提示：10 美元的单位成本减小 10% 就是 9 美元的单位成本。

（7）如果埃德要建立一个无库存系统，让最佳订货量变为每次一个单位库存的话，订购成本应为多少？为 64−1909 部件使用原始变量，你的答案必须精确到小数点后 6 位（如 47.123456）。

（8）设计 3 个能降低订购成本的可行方案。记住，"可行"不是理论上可行，必须是实际可实行的。不要跳过细节部分（但也不要编造），你必须指明为了完成绩效目标，要如何降低订购成本。

参考文献

[1] Harris F W. How many parts to make at once[J]. Operations Research,

1990, 38(6): 947−950.

[2] F.W. Harris, Operations Cost, Factory Management Series (Chicago: Shaw,1915).

[3] A. C. Hax and D. Candea, Production and Operations Management (Prentice−Hall, Englewood Cliffs, NJ: Prentice−Hall, 1984), 135.

[4] Wilson R H. A scientific routine for stock control[M]. Harvard Business Review, 1934,13(1):116−128.

[5] Coyle J J, Langley C J, Novack R A, et al. Supply chain management: a logistics perspective[M]. 8th ed. Mason, Ohio: Southwestern Cengage Learning, 2009.

[6] "Albert Einstein." Quotes.net. STANDS4 LLC, 2011. 21 February 2011.

03

季节性需求计划制订：每家玛公司

罗德尼·托马斯博士，佐治亚南方大学

案例背景

每家玛公司是美国的一家仓储式家装零售商，使用它的产品，客户能够打造、美化和享受自家住宅。为满足客户多样化的家装需求，每家玛公司能提供品种齐全的产品和完整的服务线，包括住宅的装饰保养、维修改造。每家玛公司拥有超过 2,000 家的零售店，26 个产品类别，共计约 40,000 只股票。

家装行业的竞争很激烈。劳氏公司和家得宝公司这样大型的全国连锁公司为吸引注重节省成本的客户，提供了价格低廉的名牌产品，中小型的区域性连锁公司则为客户提供高级定制服务。为了能在市场竞争中脱颖而出，每家玛公司必须同时提供价格低廉的产品、丰富的产品种类和为客户定制的服务。因此，高效率、响应式的供应链管理是战略的重中之重。

每家玛公司的货物运输管理做得很好，提高了销量的同时也满足了客户需求。然而，管理一些特定的产品类别和有特殊需求的产品具有相当大的挑战，尤其是季节性的大件进口产品，所以，每家玛公司要达到供应链管理目标就会十分不易。因此，首席执行官西奥多·埃斯珀将季节性的大件进口产品的管理作为一个首要考虑的问题。

史蒂夫·曼罗德纳是供应链计划新上任的副总监，不幸的是，曼罗德纳此前的职业经历都和运输有关，他对需求管理和规划原则并不熟悉。因此，曼罗德纳联系了你的团队，要求你们针对运输到每家玛公司的季

节性大件进口产品制定一个需求管理和采购计划，此计划必须满足所有
关键利益相关者的需求。由于此类项目具有潜在风险，你的团队可以开
展试点项目，从一家供应商那里运送少量燃气烤炉到分布在各个地方的
零售店。如果试点项目成功，你开发的流程就可能会在整个零售链中实施。

燃气烤炉的特性带来的挑战

对每家玛公司的供应链管理者来说，燃气烤炉是最具挑战性的一
类货物，原因有以下这些。燃气烤炉全部是从中国进口的，供应商要求
要有 5 个月的生产提前期，外加国际运输和配送的提前期，燃气烤炉的
整个订货提前期长达 6 个月。每家玛公司的采购经理尝试寻找其他供应
商，但是金钱成本又会增加。采购经理也尝试和供应商协商缩短生产提
前期，但对方表示只有采用直线订购模式才能缩短，即供应商在每家
玛公司确定订货以后才购入原材料。这类产品制造合同在烤炉行业很常
见，因此，假定在每家玛公司确认订单的 6 个月以后，燃气烤炉能够运
送到指定地点。即使曼罗德纳也会和其他团队一起努力缩短整个订购提
前期，在你分析的时候也请将订购提前期看作本项目的重要限制因素
之一。

燃气烤炉的需求特性也是增加其管理难度的原因之一。燃气烤炉需
求具有高度的季节性（见图 3-1 和图 3-2），通常也取决于当地市场的天
气类型。天气好销量就会上涨，下雨或天冷的时候销量增长就会停滞。
在美国重大节假日期间，大多数零售店的烤炉销量也会大幅上升，如阵
亡将士纪念日、独立纪念日和劳动节。并且如果天气好，烤炉的销量在

节假日一两周之前就会开始上升。因此，需求的季节性为此类商品的需求计划和管理带来了挑战。

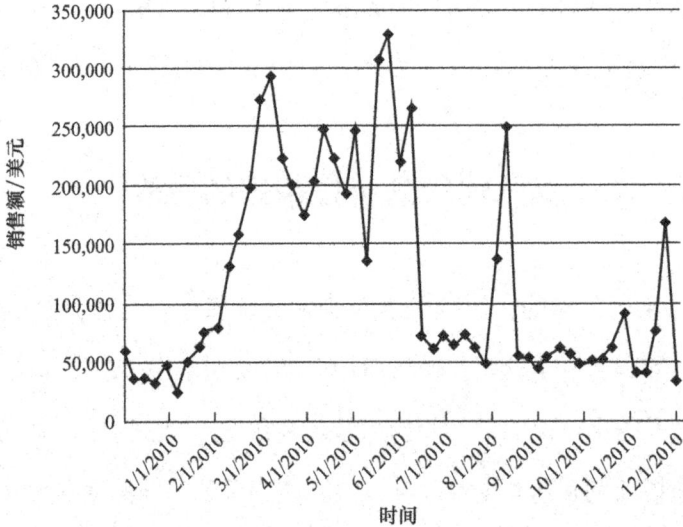

图 3-1　2010 年某段时间的烤炉销售额（只展示了某些零售店的部分库存单位）

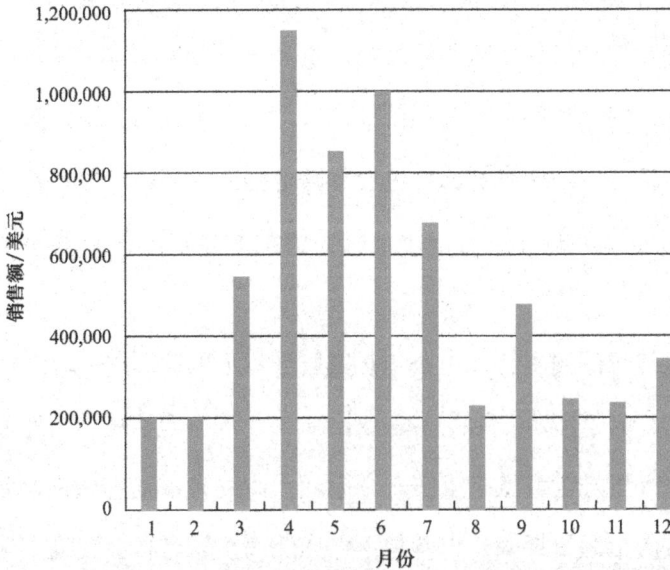

图 3-2　2010 年每月的烤炉销售额（只展示了某些零售店的部分库存单位）

烤炉行业的需求预测常常基于店主和零售店经理的定量估计，但这类预测的准确度极低。行业平均数据显示，如果计划展望期为6个月，零售店某些烤炉库存单元需求预测的平均绝对百分比误差（Mean Absolute Percent Error，MAPE）超过了90%。公司级别的预测准确度同样很低，平均绝对百分比误差为20%。在烤炉行业，无论使用哪种预测方法，预测准确度都是随着订购提前期缩短而提高的。每家玛公司对烤炉需求的预测情况和此前报道中的行业平均值类似。

烤炉的物理特性对每家玛公司的配送中心和零售店来说都是一个难题。烤炉体型大且笨重，运送时需要把零件按特定摆放方式装进大箱子里，堆放在进口集装箱里。从材料处理的角度来看，短途运输烤炉需要特殊设备和额外的人力。烤炉没有托盘，若用传统的叉车运输则会被损坏，因此必须使用挤压型叉车，或者由两人手动搬运。体型大让烤炉难以存储，配送中心的标准货架无法放置烤炉。烤炉要么散装堆叠在特定区域内，要么马上被交叉转运。零售店的货架空间有限，烤炉只能使用劳动密集型的存储方式：要么多次搬运烤炉，把它们放置在高于地板一大截的"顶级库存"区，要么花费额外体力劳动，将它们组装好后放在门口。

上面这些原因说明，每家玛公司烤炉的搬运和存储需要额外的劳动力、特殊设备和特殊处理流程。

利益相关者的关注点

就烤炉而言，每家玛公司的许多利益相关者都有自己的关注点以及相互冲突的目标。零售店经理希望有大量烤炉库存，以满足客户需求，达到本店的销售目标。作为服务客户的主要渠道，店内的热卖商品的库存在任何时候都需要接近100%。对零售店经理来说，库存量不仅要满足客户需求，还要满足多样化的商品展示方式和组装好的商品形式，来向客户宣传"每家玛公司的产品能够满足您的所有烧烤需求"。

在销售旺季的初期，零售店经常会提前几周准备好充足的库存，有的零售店甚至会开始囤积库存以防出现货物短缺的情况。在销售旺季临近尾声时，零售店经理往往希望将剩余库存送回配送中心或送往其他销售点，这样才不会因在淡季打折出售商品而损失利润。旺季的"囤积"心态在淡季迅速转为了"卸货"心态。零售店运营高级副总监已经给曼罗德纳打了多次电话，商议来年的库存计划，并且提醒他"千万别搞砸"。

配送中心的利益与烤炉密切相关。每家玛公司的配送中心机械化程度很高，使用了先进的运输系统来运送货物，但烤炉的体积大且笨重，无法以与其他货物相同的方法运输。运输烤炉需要挤压式叉车，但是配送中心的此类叉车数量十分有限。因此，相对那些方便运输的盒装产品，烤炉的运输需要花费更长的时间。

烤炉销售的季节特性又给这个问题增加了额外难度，配送中心的经理没有能力在诸如节假日的短期销售旺季期间处理大量烤炉。他们多次要求让烤炉产品均匀流向各个零售店，而不是在销售旺季大量运往配送中心，否则，配送中心还将会继续遭遇春、夏季烤炉销售旺季的瓶颈。烤炉积压也会影响其他类别的商品的周转，整个配送中心都可能被巨大的方形烤炉占据，因为这些烤炉需要在卸货之后马上被放入进口集装箱内。如果出现延迟，其他所有商品的周转都会发生问题，影响零售店的销售计划。配送中心的副总监也向曼罗德纳表示了对来年产品流计划的担忧。

销售计划和补货团队认为烤炉是每家玛公司所有产品中最难管理的。正常情况下，这个团队处理来自美国国内供应商的货物，订购提前期短、需求变动小、可预测度高的货物的库存管理、销售计划和库存周转的目标都更加容易实现。然而，烤炉却不是这样。它们的订购提前期长，具有短期出现大量需求的季节特性。几乎和销售旺季一样长的订购提前期加上不稳定的需求模式使得烤炉的管理难度非常大。由于烤炉的订购提前期几乎和销售旺季等长，每家玛公司难以迎合客户变动的喜好，团队往往只能通过探索来制定更好的销售计划。

然而，提前 6 个月制定销售计划的结果往往不会让人满意。对烤炉而言，既要保证零售店的服务质量，又要达到规定的库存周转率是极难实现的，通常情况下两者中只有一个会被满足。每家玛公司曾通过购入大量库存并将其全部运往零售店以达到很高的库存水平，但当季的高销量产生的利润经常会被多余库存的降价销售带来的利润损失、库存运输成本以及转运费用所抵消。每家玛公司也曾使用无库存方式对烤炉进行补货，尝试将库存周转率最大化，却导致零售店出现大量缺货和配送中心出现堵塞的情况。

易引发纷争的燃气烤炉

每家玛公司对烤炉供应链的管理采用严格的审查流程。利益相关者之间常常是针锋相对的，公司不同部门的经理间也常常展开激烈争论。只要有一个团队未达其年度经营目标或者有谁没拿到绩效奖金，就会发生争论。

　　零售店经理知道,在零售店,烤炉属于大件消费品。如果关键时期烤炉缺货,店内的整个销售计划就很可能受阻。因此,零售店经理会指责店主购买的烤炉数量太少或者配送中心无法将烤炉及时送到店内。配送中心的经理知道,烤炉是占据配送中心空间最多的货物,如果所有装有烤炉的集装箱都同时达到,配送中心的吞吐量和服务指标就会受影响。因此,配送中心会指责零售店下订单的方式,要求零售店不要提出即刻装运货物的不合理要求。

　　销售计划和补货经理需要确保达成公司的财务目标,包括销售目标、计划利润和库存周转率。如果订单过多、过少或时机过早、过晚,财务指标就会受到影响。店主经常抱怨零售店货物滞销、商品缺货或者减价出售,也指责配送中心太不灵活,销售需求具有高度季节性的商品的产品流不均衡。

　　正如以上这些情况所说明的那样,烤炉的供应链管理在每家玛公司属于一个不可忽视的、极易引发争议的问题,似乎现在所有人都指望曼罗德纳和他的团队能够做出一个好的规划。

供应链管理举措遭受过的失败

　　每家玛公司曾经为了解决烤炉的供应链管理问题采取了很多举措,但都因未达成一个或者多个关键目标而以失败告终。有一年,每家玛公司为了给配送中心分流,避免每年春季的货物拥堵,将装在集装箱里的货物直接运送到零售店。然而,有的零售店的销售额不足以买入整个集装箱的烤炉,有的零售店送达的货物又不够,无法满足需求。那一年发生了库存分配不当、服务水平低、折扣成本和转运成本高的问题。有的零售店严重缺货，有的零售店又剩余大量库存，服务水平降到 80% 以下，折扣成本超过了 25%。为了均衡分配库存，转运成本增加了 50%，造成的经济损失达到了 200 万美元。

另一年，配送中心决定对烤炉的所有库存单位进行交叉配货，将库存送往各个零售店而不管其是否有补货需求。这一做法也导致了和上面类似的库存分配不当的问题。即使货物的分配成本减少了 10%，但是折扣成本增加了 20%，转运成本增加了 25%，导致的经济损失高达 75 万美元。

此外，每家玛公司采用了准时制的方法，将集装箱在销售旺季到来之前送到配送中心，基于实时度更高的需求信息来分配货物。不幸的是，配送中心因此迅速瘫痪，货物拥堵导致烤炉无法准时被送至零售店。由于加班费、临时员工和第三方物流服务产生的费用，配送成本增加了 20%。由于配送中心的货物拥堵，所有商品的服务水平下降，很多零售店的关键商品都出现了缺货情况。据估计，在那段时间内，由于关键时期补货不及时，零售店总计遭受了超过 2,000 万美元的损失。

对每家玛公司的高管和客户来说，这些解决方案都是无法让人接受的，供应链计划的前副总监也因此被开除。曼罗德纳感到了同样的压力，他希望你的团队能够提供一个解决方案以更好地管理烤炉需求和产品流，确保达到成本和服务目标。

项目分析的其他相关细节

为了协助团队对这个项目进行分析，每家玛公司提供了一些烤炉的相关信息。有这些丰富的信息，你的团队能够分析销售增长率，获取需求模型，并根据模型预测需求，对零售店进行帕累托分析（ABC analysis）并估计订购量。

表 3-1 提供了每个库存单位的名称、产品尺寸信息以及 40 英尺（1 英尺 ≈ 0.31 米）标准集装箱可容纳多少个烤炉库存单位的信息。计算每个集装箱能容纳的烤炉的数量时，只考虑集装箱存放同种库存单位的情况，不考虑一个集装箱有多种库存单位混合存放的情况。由于混合装载会增大集装箱的配置难度，在过去，供应商可能会收取 20% 的额外费用。如今，如果每家玛公司提前提供一个混合配置标准供其做好计划，供应商还是乐意取消额外收费的。每家玛公司因此获得了更大的灵活度，可以在销售旺季之前将大件货物直接装运好，减轻配送中心的拥堵情况。此方案的关键就是确定一个大多数零售店都方便使用的标准配置。

表 3-1　库存单位信息

库存单位数量	名称	零售店销售价格 / 美元	长 / 英尺	宽 / 英尺	高 / 英尺	每个 40 英尺标准集装箱容纳的烤炉数量
1,099	2 眼燃气烤炉	99	3.5	2.5	3	66
1,199	4 眼燃气烤炉	199	4	3	3	36
1,399	3 眼优质燃气烤炉	399	5	3.5	3	32
1,499	4 眼优质燃气烤炉	499	5	3.5	3.5	32

你的任务：为烤炉进行基本管理

为每家玛公司的烤炉进行基本的需求管理，充分考虑各方利益，制定一个能够让货物在整个供应链都流畅通行的采购计划。

在分析数据、制定计划的时候，你可能会考虑以下问题。

（1）烤炉的需求模型是什么样的？

（2）每个烤炉需要购买多少库存单位才能支持销售？

（3）每种烤炉库存单位的需求模型是什么样的？

（4）每家玛公司需要多少个 40 英尺标准集装箱？

（5）来年将运送多少个 40 英尺标准集装箱到配送中心？

（6）将多少个集装箱不送到配送中心而是直接运送到零售店？这样做会为配送中心节省多大的空间？

（7）这一年内，每周运送多少个 40 英尺标准集装箱到配送中心？

（8）是否存在一个支持直接运送到零售店的装有混合库存单位的集装箱标准配置？如果有，具体如何配置呢？（例如，10 个 X 类单位库存，25 个 Y 类单位库存，20 个 Z 类单位库存。）

（9）将这类集装箱送往那些零售店，会被接收吗？

（10）哪些零售店的库存对应 A、B、C 类别，对不同类别的零售店，你会同等对待还是差别对待？

（11）应该将烤炉"推"或"拉"到零售店吗？是否能够采用一种混合方法？

项目的最终成果包括一个总结了关键结论的执行方案，一个面向高层的解释方案优点的报告，一个补货团队可执行的详细的采购计划。曼罗德纳先生期待着你的专业分析和提议。

04

供应不确定性、需求计划和物流管理：
　　　俄克拉荷马好意慈善事业组织

查德·奥特里博士

案例背景

海瑟·罗伯逊和克里斯·戴维斯来到了俄克拉荷马市中心的布里克敦区，他们每周都到这里的一家意大利面餐厅吃午饭。海瑟像往常一样心情很好，而克里斯似乎有点疲惫。

自从海瑟接任俄克拉荷马好意慈善事业组织（下文简称"好意慈善事业组织"）的首席执行官一职后，一些转变就开始了。她上任后不到两个月，在好意慈善事业组织的两家零售店出现了这种情况：人们掏出钞票，却不是为了买东西。原来这两个零售店已经变成了 3 个规模较小的、精简的捐款设施——"有人值守的捐赠设施"。剩下 10 个零售店的库存盘点准确率大于从前，商品周转率也很稳定，销售额则达到了 700 万美元，创下了历史新高。

两人吃饭的时候，海瑟像往常一样面带笑容，不怎么说话，克里斯则无精打采地吃着他的意大利饺子开胃菜。当上运营副总监后，他渐渐成为海瑟的得力助手，每周的这顿午餐也成为一个畅所欲言的契机，在此期间他们两人都会放松下来，从外部视角来审视公司的业务问题。克里斯觉得每周的这个时候，面对这位新晋上司，他能够自由地表达自己的看法和关注点。

这一周，他像往常一样做足了畅所欲言的准备。在海瑟的引导下，他最近为这个非营利性组织的供应计划和物流管理的流程管控制定了一个新的五年计划。虽然他很想分享计划的一些细节，但是很明显，目前有一大堆亟待解决的问题。

　　从产品成本的角度来看，作为一个几乎只依靠捐赠物供给零售店的非营利性组织，好意慈善事业组织的库存基本上是免费的。然而，要预测所有类别的库存数量和销量是十分困难的，因此也很难确定与营销相关的决策。销售额中还要扣除很大一部分的运营成本。此外，关闭两个零售店，用 3 个有人值守的捐赠设施取而代之，这在一定程度上降低了好意慈善事业组织供应链的成本和复杂度，但同时也降低了公司的市场份额。好意慈善事业组织的零售店和有人值守的捐赠设施的情况如图 4-1 所示。现在，在俄克拉荷马市的都会区，好意慈善事业组织的产品只在零售店的非营利性消费品中占 15%，相比 2007 年下降了近 5%。克里斯担心客户可去的零售店减少，捐赠者的数量和消费者的品牌意识也会下降。肖尼和布里顿路上的零售店关闭了以后，零售店每平方英尺的捐赠物件数增加了，但是该地区的总捐赠物件数几乎没什么变化。

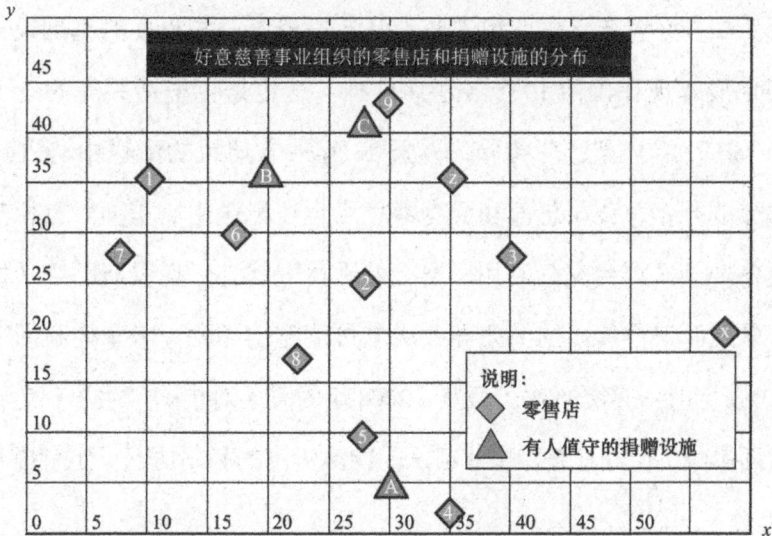

注：斯蒂尔沃特的零售店（10）没有在图中标明。x 和 z 分别代表不久前才关闭的肖尼和布里顿路零售店。单位以英里（1 英里 ≈ 1.61 千米）计。

图 4-1　好意慈善事业组织的零售店和有人值守的捐赠设施情况

地点	类型	X 坐标	Y 坐标
1 市议会	零售店	10	35
2 沃克	零售店	28	25
3 里诺	零售店	41	27
4 诺曼	零售店	35	2
5 摩尔	零售店	27	10
6 麦克阿瑟	零售店	18	29
7 育空	零售店	7	27
8 佩恩广场	零售店	23	18
9 埃德蒙	零售店	30	42
10 斯蒂尔沃特	零售店	53	80
A 诺曼北	有人值守捐赠设施	30	5
B 梅镇	有人值守捐赠设施	20	35
C 纳斯达克	有人值守捐赠设施	28	39

图 4-1 好意慈善事业组织的零售店和有人值守的捐赠设施的情况（续）

另外，好意慈善事业组织在近几年投资了一些重要的基础设备，其固定成本现在仅由 10 个零售店分摊，这也是克里斯关注的一个方面。卡车、零售架、分拣箱，以及 16 万平方英尺的配送中心占用了大部分的开销，公司总部和沃克零售店也在配送中心里面。有相当多的设备要么未得到充分利用，要么处于休眠状态，克里斯已经开始担心，最近两家零售店的关闭导致成本可能超出预期。卡车的利用率只有 73%，而上一年是 88%。诚然，2008 年的萧条对捐赠产生了一定程度的负面影响，但好意慈善事业组织的物流资产的利用情况一定有提升的余地。

对克里斯来说，这既是一个改善公司运营的机会，也是一个在上司面前好好表现一回的机会。至今，海瑟一直都是一名好上司，她通过 5 年的努力，使一个本来业绩平平的企业脱颖而出，克里斯也从她身上学到了很多东西。然而，他心头一直有一个预感，这次公司面临的挑战可能是他们两人都未曾遇到过的。

喝了一大口蜂蜜冰茶后，克里斯说出了自己的想法。海瑟点了点头，对他的担忧表示认同，她一边听克里斯讲述初步提议的要点，一边靠向椅背思索着。听完克里斯的提议以后，海瑟同意了他的观点，即无论是需求计划还是物流运营，都还有一堆要解决的问题。然而，她却自信地表示，他们一定可以找到一个切实的解决方案，不仅能够解决好意慈善事业组织供应不确定的问题，提高物流资产的使用率，还能够为设立新的零售店创造条件，这样一来就能够挽回目前公司正在降低的曝光度和市场占有率。但是时间是个很大的问题，公司需要在 60 天之内向好意慈善事业组织总部进行一个区域情况汇报。海瑟让克里斯好好完善他提议的细节部分，并在一周后汇报给她。这一周足够让他做一些调查，总结可实施的方案，并写入 60 天之后要提交的报告里。

好意慈善事业组织的创立与发展

说到用产品改善人们生活，好意慈善事业组织在超过 100 年的时间里一直都走在行业前列。在 1902 年的一天，卫理公会的埃德加·赫尔姆斯来到波士顿南区。这片区域有很多不熟悉英语、身无分文、对美国梦逐渐失去希望的欧洲移民。赫尔姆斯开始从波士顿更富有的区域收集一些家用品和衣服。因为这些移民者都很不乐意放下自尊，接受捐款，赫尔姆斯便雇用穷人，训练他们修补收集来的破损物件，补好的衣物要么被卖掉，要么就留给修补的人。基于这个成功案例，好意慈善事业组织"举起手，而不是伸出手"（hand up，not a hand out）的慈善理念也随之诞生。

在 20 世纪 30 年代中期，好意慈善事业组织的经营方式引起了《俄克拉荷马日报》（*Daily Oklahoman*）创始人爱德华·盖洛德的兴趣。他把一个曾获得高度赞誉的记者伊迪丝·约翰逊派到圣路易斯打听消息。回到俄克拉荷马市以后，伊迪丝坚信，应该在这里注册公司。

好意慈善事业组织在 1936 年的 9 月 21 日正式注册成立。之后公司便在一个建筑的 11 层开始了运营，建筑在罗宾逊街，正好紧邻蓬勃发展的市中心。在 1960 年之前，好意慈善事业组织把总部搬到了西三街 410 号的一个汽车总站里，考虑到未来的发展，又在城市里很多地方购买了地产。

2009 年，好意慈善事业组织这时候已经有了 10 个零售店，零售总额超过 770 万美元，2008 年全年各个地点的销售情况和捐赠情况分别如表 4-1 和表 4-2 所示。这 10 个零售店分别位于斯蒂尔沃特、肖尼、育空、中西部城、诺曼、埃德蒙和摩尔附近的小镇，以及俄克拉荷马市内的 3 个地点。最重要的是，公司现在是俄克拉荷马市最大的为残疾人和其他弱势群体提供就业和培训服务的非营利性组织。公司在宣传的时候，认为自己"不是做慈善，而是提供机会"。

表 4-1 2008 年 1 月到 12 月每个地点的月销售额（以美元为单位）

地点	J08	F08	M08	A08	M08	J08	J08	A08	S08	O08	N08	D08	2008	平均值
市议会	42,490	33,489	40,310	36,418	39,078	38,858	44,520	37,807	36,629	39,927	43,225	46,523	479,274	39,940
沃克	20,682	20,997	20,413	19,001	18,351	18,115	19,664	21,037	18,930	22,228	25,526	28,824	253,768	21,147
里诺	103,645	97,369	107,405	95,998	83,887	84,422	91,732	96,673	99,138	102,437	105,735	109,033	1,177,474	98,123
诺曼	38,448	37,269	39,190	35,569	39,178	39,880	41,857	41,824	40,080	43,378	46,676	49,974	493,323	41,110
摩尔	39,213	35,517	38,313	34,039	38,691	30,469	42,493	44,047	38,637	41,935	45,233	48,531	477,118	39,760
麦克阿瑟	53,394	47,962	54,536	48,385	50,398	52,207	60,858	62,177	60,589	63,857	67,175	70,483	692,021	57,668
育空	24,289	23,891	27,458	24,474	25,003	24,832	28,608	30,324	29,316	32,615	35,644	39,211	345,665	28,805
佩恩广场	82,158	82,909	94,945	90,069	99,276	91,472	95,639	100,536	91,459	94,757	98,056	101,354	1,122,630	93,553
埃德蒙	45,963	45,561	47,055	45,723	46,545	57,932	64,120	58,621	62,441	65,739	69,037	72,335	681,072	56,756
斯蒂尔沃特	24,658	25,690	29,937	26,269	28,641	25,904	26,446	29,906	27,606	30,905	34,203	37,501	347,666	28,972
肖尼	38,776	38,425	44,117	39,552	38,177	38,920	36,749	33,115					307,831	38,479
布里顿路	42,282	38,197	43,375	38,715	39,046	39,799	42,066	37,764					321,244	40,156
合计	555,998	527,276	587,054	534,212	546,271	542,810	594,752	593,831	504,825	537,778	570,510	603,769	7,752,221	553,729

表 4-2 2008 年 1 月到 12 月每个地点的月捐赠量

地点	Ft2	J08	F08	M08	A08	M08	J08	J08	A08	S08	O08	N08	D08	2008
市议会	19,600	729	311	467	531	677	570	710	725	1,106	834	876	926	10,346
沃克	8,800	399	396	140	144	174	424	403	375	364	368	356	350	4,592
里诺	25,775	933	705	1,083	1,101	1,610	2,115	1,822	1,539	1,568	1,630	1,566	1,576	20,450
诺曼	18,995	1,045	824	979	911	1,326	1,158	1,292	1,046	808	1,036	950	918	13,988
摩尔	17,770	770	588	735	791	970	834	1,006	899	942	936	913	918	12,138
麦克阿瑟	20,220	1,440	1,313	1,760	1,795	2,380	2,292	1,659	1,125	1,152	1,308	1,191	1,204	21,046
育空	15,900	728	471	828	787	765	794	796	965	862	866	884	856	11,333
佩恩广场	23,000	912	714	993	1,040	1,232	1,227	1,201	1,262	1,010	1,145	1,126	1,081	15,335
埃德蒙	20,000	892	627	810	1,139	1,035	1,143	1,284	1,410	1,217	1,291	1,293	1,004	14,793
斯蒂尔沃特	12,000	611	499	542	685	921	763	791	795	593	714	688	652	9,514
肖尼	10,500	201	141	197	269	366	329	348	255					2,106
布里顿路	20,400	706	646	600	660	759	788	791	608					5,558
诺曼北										256	280	251	191	1,783
梅镇										408	392	390	333	2,437
纳斯达克										272	380	399	425	2,504
上门取件		614	474	599	646	801	816	794	722	692	606	544	567	9,078
合计	212,960	9,980	7,709	9,733	10,499	13,016	13,253	12,897	11,726	11,250	11,786	11,427	11,001	157,001

公司的商业模式就是把人们捐赠的衣服、家用品、家具、电子产品等作为零售店的商品进行销售。盈利有 3 种途径：零售店的销售、二次销售和签约服务。其中，签约服务保证公司的最低效益。一个零售店收到的捐赠物，往往就在同一个店出售。此外，这些用大袋子、盒子、家用容器装着的，或者捐赠者用卡车运送来的捐赠物还可能根据商品类别或可用程度被分拣，配送到有对应需求的零售店，而这个需求是基于零售店经理和职员的经验提出的。

根据标准，被认为是不能用或者没人要的物件就会被统一送到沃克的配送中心，物件的可用性会被进一步评估。被判断为可销售的物件会重新配送到有需求的零售店；被判断为不可销售的物件会被打包成大件材料后送往二级市场，如原织物或电子零件市场；如果物件的功能价值过低，则会被回收或者扔掉。表 4-3 为 2008 年 1 月到 12 月沃克配送中心二级市场销售量和回收 / 丢弃量。

二级市场的销售额大概占公司营业额的 1/6。另外，公司业务还有一个新的试点项目，那就是承包州和市政机构的诸如维护、保管和美化环境等基本服务。公司会对任何一个寻求类似服务的政府外包项目进行竞标，中标以后，将与当地社区需要帮助的人签订合同。因此，公司实际上是一个面向部分客户群的职业介绍所。公司的许多合同工都是身体或智力有障碍的人士，也可能是正在寻找长期岗位且急需经济援助的失业者。这些政府项目为公司提供了一个机会，协助需要帮助的人谋求一个稳定的长期职位，而不是仅依靠政府援助项目提供食物和住所。

表 4-3 2008 年 1 月到 12 月沃克配送中心二级市场销售量和回收／丢弃量

地点	J08	F08	M08	A08	M08	J08	J08	A08	S08	O08	N08	D08	2008	平均值
销售量	7,671	7,274	8,225	7,436	7,625	7,550	8,312	8,288	8,410	8,971	9,506	10,005	99,402	8,863
回收／丢弃量	157	203	144	157	272	588	904	431	489	555	691	703	5,294	441.1

注：二级市场销售量是以美元为单位计，回收或丢弃量是按照物品个数计。

在 2008 年，基于这个商业模式，公司制定了一个雄心勃勃的五年计划，意图增大捐赠规模，提高公司收入。这个改善物流和供应链运营的计划取得了很好的成效，2008 年公司的收入大概为 770 万美元，2013 年增长到 1,390 万美元。因此，公司将下一个五年计划的目标定为利润增长 620 万美元。为了达到目标，似乎很有必要把单位面积的平均捐赠物件数量提高 40%。然而，克里斯越想似乎越不明白具体应该如何做。以下这 3 类问题一直困扰着他。

（1）公司怎样才能更好地获取库存的位置，以更好地处理物件呢？换句话说，既然一开始对捐赠物件的情况知之甚少，如何才能在正确的时间，把满足要求的库存送到正确地点？

（2）公司的卡车利用率达到最大了吗？应该卖掉多余的卡车，还是买入新的卡车，或者把运输业务直接外包出去？

（3）有人值守的捐赠设施能产生利润吗？成本情况如何？成本是否大于收入？其选址是否合适？为了给社区提供更好的服务，公司应该考虑在一个更合适的地点另设一个零售店吗？

为了解决公司的问题，克里斯忙活了几乎两个月的时间，通过继续教育课程了解物流与供应链管理的相关知识，和其他行业的区域运营经理合作，从其他非营利性组织那里取经。他还参加了当地供应链管理专业协会举办的 3 场圆桌会议。做完这些以后，他识别出 3 个需要重点研究的领域，即供应不确定性、需求计划和物流管理，其中物流管理主要关注的是运输和设施的选址。

他在和海瑟共进午餐之前，把关注点转向了这次会面以及之后要提交给好意慈善事业组织总部的报告。

好意慈善事业组织的供应不确定性和需求计划问题

一般来说，营利性公司对库存管理、配送、运输和营销的控制力度相对更大，因为其控制着将库存输入系统的采购和订购功能。这样一来就能控制内向和外向的供应链流程。在可接受的误差范围以内，营利性公司能够知道哪些货物即将入库以及何时到达。然而，像好意慈善事业组织这种非营利性公司的零售商却不是这样，其不是使用基于周期或者再订货点的启发来订购货物的；相反，其补充库存依靠的是随机的捐赠行为。因此，对非营利性公司来说，库存管理、运输管理、市场营销和货物配送的计划难度都更大。虽然可以用基本的销量来预测，但是库存受到太多因素的影响，有周期性的，也有和货物类别相关的。正如公司的一位执行官对克里斯说的那样："……我们逐渐知道了会卖多少，却不知道要卖的是什么。"

在一定程度上，公司供应不确定性的部分原因与捐赠人的物件有关。公司内部对捐赠行为的定义是，捐赠是指捐赠者把不想用的或者捡来的一堆商品赠送给公司，不管其内容、材料或大小如何。换句话说，一位捐赠者可能会把旧书、旧灯、旧家具打包一车拉到沃克配送中心，另一位捐赠者可能会要求公司上门自取一小麻袋的旧衣服，这两种情况都会被视为捐赠行为。这样做是为了简化捐赠者的捐赠流程，而不用使捐赠者等待捐赠物被分拣、检查、分类后再归入库存管理系统。实际上，有的人是奔着税收抵免才进行捐赠的，他们更希望保护自己的隐私。

克里斯和海瑟曾多次讨论，是否要建立把捐赠行为进行定性分类的新系统，但是两个人都尚未得出一个能避免给捐赠人带来不便的方案，捐赠人可是公司的命脉。

　　然而，即使新的系统能够有效提高捐赠积极性，但同时也会加大零售店运营的复杂程度。因为货物是混在一起，装在非统一规格的集装箱内，在随机时间配送给本区域各个零售店的，有时候甚至店内都无法创建一个库存清单，更别说统计所有零售店的库存清单了。并且，由于商品的平均单价很低，无论是使用传统的库存技术还是使用诸如条形码和射频识别的新兴库存技术，成本都太高了。例如，服装单位库存的平均售价为2.52美元，其中的1.75美元包括人力成本、水电费、煤气费和零售店租金。如果使用库存技术，成本会成比例增加。单位库存的技术价格以2008年的水平算的话，大部分的利润都会被抵消。虽然克里斯迟迟无法决定是否应该投资供应链技术来提高库存可见度，但由于对这些技术的了解十分有限，他更加倾向于寻找一个成本更低的、能够更快速生效的方法。

　　捐赠物品的供应市场具有多变性，需求市场还有应季的问题。例如，供应具有季节性的捐赠物往往是在捐赠人使用完、刚过了捐赠物最有用的季节后被捐出的。因此，零售店满是刚过季了的商品，而客户倾向于购买近期会用到的应季商品。如10月，很多客户想在店里买冬天的大衣，但是货架上的冬大衣很少，更多的是一些泳衣、T恤和其他夏装。如果能够获取应季或者应季之前的捐赠物，销量就能够大幅提升，但是公司尚未有这种需求管理系统。在特定商品滞销的时候，公司一般不会通过营销来平衡供需，因为库存本身就是随机的。

　　虽然克里斯和海瑟都不想接受这个事实，但他们都相信，对非营利性公司来说，这类供需不平衡问题是一定会出现的。然而，美国和加拿大的一些好意慈善事业组织分公司提前进行了当季捐赠物征集，并且取得了一些成果。

好意慈善事业组织的物流管理问题

除了供应不确定性和需求计划问题以外，克里斯还相信，公司未来成功的一个关键是要提高物流资源的使用率。因此，需要他和海瑟关注的两个首要问题就是公司 3 辆卡车的使用，以及 10 个零售店和 3 个捐赠设施所使用商铺的长期租赁；需要关注的次要问题是已关闭的两个零售店价值 37,500 美元的零售设备、铝架、储物箱、收银台和电子监控设备，自从关店以后，就一直被搁置在配送中心。

3 辆卡车目前的总利用率为 73%，如果能够制定一个增加卡车利用率的计划，运作效率也会提高，公司长远目标实现的可能性也会增大。如果全部装满的话，每辆卡车平均能够容纳 50 件捐赠物。两辆卡车是 2007 年购入的，单价 7.2 万美元，有 8 年的折旧期限，当时是为了代替一辆卖掉的旧卡车。另外一辆是 2005 年买的，花了 6.4 万美元，折旧期限为 9 年。其中一辆卡车（A）只在上门取捐赠物品的时候用，一般提前 5～7 个工作日接受取件预约。另外两辆卡车（B、C）每天在配送中心、零售店、捐赠设施间来回跑。如果沿路经过预约了上门取件的捐赠人住处，那么也会顺便运输取到的物件。每辆卡车的路线及各自运输的捐赠物数量如表 4-4 所示。看到数据以后，克里斯就想把其中一辆车立马卖掉，把工作量分摊给余下的两辆车。然而，如果捐赠量如五年计划中那样上升了，不到 2011 年，两辆卡车的运输能力就很可能会不够用。

此外，从海瑟在上个月经理会议上的发言可以知道，她认为肖尼和布里顿两家零售店的关闭有助于优化公司的零售店网络。她还要求克里斯收集一些必要数据来查清楚公司能否通过增加一个额外的零售店，或

表 4-4 2008 年 1 月到 12 月卡车的路线和各自运输的捐赠物数量

卡车	J08	F08	M08	A08	M08	J08	J08	A08	S08	O08	N08	D08	2008	平均值
A	598	445	580	613	755	801	734	692	638	583	507	540	7,486	623.8
B	806	605	797	890	1,115	1,134	1,107	1,013	998	925	1,002	1,056	11,448	954.0
C	771	630	744	785	967	954	970	851	816	961	849	710	1,008	834.0
合计	2,175	1,680	2,121	2,288	2,837	2,889	2,811	2,556	2,452	2,469	2,358	2,306	21,456	1,788.0

注：A 车为上门取件，B 车路线为 2—8—5—A—4—3—2 加上沿途的上门取件，C 车路线为 2—6—7—1—B—C—9—2 加上沿途的上门取件。

者一个或多个捐赠设施来获益。从保护品牌意识的角度出发，克里斯一直相信，公司需要增加额外的零售店，即使他并不确定短期内销售数据是否能因此增加。因此，他开始着手寻找两三个适合在未来设立零售店的地点。此外，他和海瑟都想知道，有人值守的捐赠设施是否在为公司的供应链带来价值。但不幸的是，他们两个人对供应链网络优化都缺乏必要的经验，无法做出一个充分的评估。

克里斯下周就需要向海瑟提出他的提议了，他需要一切能够获取到的帮助。因为克里斯在物流和供应链管理领域的经验实在有限，他找到了你，请你当他的物流和供应链管理顾问，一起解决公司目前面临的问题。你所能提供的任何信息或者想法都会被视为是有帮助的，能够加强你和公司之间的关系纽带，为你们未来的商务合作打下基础。

图 4-2 所示为 2009 年到 2012 年客户捐赠所在地的区域中心，表 4-5 为预计捐赠量。供参考。

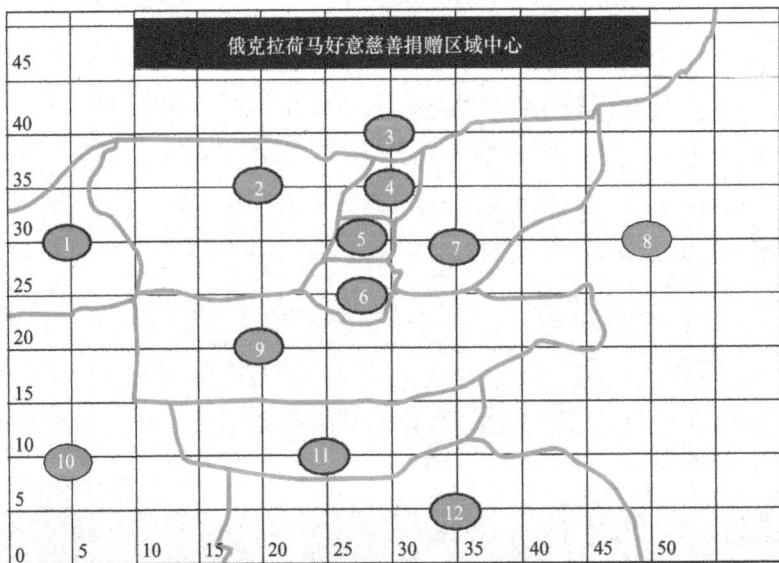

图 4-2　2009 年到 2012 年客户捐赠所在地

表 4-5　2009 年到 2012 年客户捐赠所在地的预计捐赠量

序号	近邻区域 / 区域	捐赠				
		区域中心	2009 年	2010 年	2011 年	2012 年
1	育空 / 野马	（5，30）	11,700	12,800	13,500	14,100
2	瓦尔英亩	（20，35）	8,000	8,400	9,250	9,575
3	埃德蒙 / 鹿溪	（30，40）	15,750	16,900	17,700	18,250
4	维拉吉	（30，35）	7,500	8,300	8,700	9,125
5	尼克尔斯山	（27，30）	20,500	25,900	30,750	36,600
6	俄克拉荷马市国家纪念博物馆	（28，25）	5,500	5,800	6,350	6,575
7	州议会大厦	（35，30）	3,550	4,500	4,900	5,400
8	东郊	（50，30）	22,570	22,800	22,900	23,400
9	南部	（20，20）	16,200	19,300	21,700	25,575
10	惠特兰	（5，10）	1,200	1,350	1,470	1,550
11	摩尔	（25，10）	13,250	18,300	21,900	24,700
12	诺曼	（35，5）	14,500	15,550	17,000	18,500

第二部分

供应链网络设计和分析

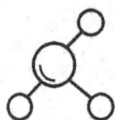

本部分包括 4 个案例。

贝塔斯曼中国案例关注的是一家大型媒体公司。媒体市场的发展极其快速，公司需要不断地对供应链网络进行重新设计以适应新的变化。

嘉年华公司的案例关注的是制定一个能够大幅度减少食品供应链成本，同时保证食品质量和客户服务水平的策略。

得梅因制造公司的案例关注的是网络优化项目，其中，咨询团队需要为合同制造商的选址提供建议。

几维医疗设备有限公司的案例关注的是该公司在全球市场面临的多样竞争以及离岸外包的策略。

即使这 4 个案例的关键是供应链网络设计和分析，但每个案例的侧重点不同，每个侧重点对管理者来说都具有挑战性。

05

图书产品供应链管理：贝塔斯曼中国

斯蒂芬·瓦格纳教授，奥托贝森管理研究院

维维安·赫尔特，奥托贝森管理研究院

卡特琳·伦奇格，奥托贝森管理研究院

珍妮弗·梅耶，奥托贝森管理研究院

"叮叮叮"的门铃声打断了周福光（音译）的思绪，他是哈尔滨一家贝塔斯曼书友会（以下简称书友会）零售店的经理，每周一的某段时间他都会陷入沉思。

现在，零售店进来一位面熟的老顾客，她曾多次到店里询问有没有刚发行的《哈利·波特》的最新版本。然而，店里并没有顾客想要的书。周福光用潮湿的手擦了擦额头上的汗水。毕竟周福光是位经验老到的经理，他找了几个借口来搪塞顾客，并承诺下周一定会有的。他能看出，这位书友会的忠实顾客正在逐渐失去耐心。

他理解顾客的感受。毕竟，这本书已经在宣传目录中列出来了，但书友会还没能买到，因为这本书在零售店里已经脱销了。然而对于这样一本畅销书，哪位顾客愿意花时间等呢？并且，除了这位女士，询问过这本书的顾客还有很多。在最近的两个月时间里，周福光都在忙着安抚顾客，找理由解释为什么新书还没有到店。总部需要确保书友会每月的图书目录上的书籍能及时到店，周福光需要在下周的经理会议上把这个问题提出来讨论，这样问题才能在全国范围内得到解决。

贝塔斯曼集团的历史

贝塔斯曼集团（Bertelsmann AG）于 1835 年成立于德国，创立人卡尔·贝塔斯曼是一个印刷工，他最开始做的是出版业务，之后在居特斯洛开了一家书籍印刷厂。在 2006 年以前，贝塔斯曼集团从一个出版和印刷的专营公司发展成一个国际传媒集团。就像集团标语"追求传媒"表达的那样，贝塔斯曼集团在快速发展的媒体行业的多个领域都建立了一批领先的公司。员工和公司之间的相互信任和责任感贯穿了"贝塔斯曼要素"，要素中的伙伴关系、企业家精神、创造力和社会责任感深深地印在公司每个员工的心中。

贝塔斯曼集团有着多样化的业务领域，旗下有欧洲的电视广播公司——卢森堡的 RTL 集团，以及图书出版集团——纽约的兰登书屋。贝塔斯曼集团还建立了欧洲杂志出版商——汉堡的古纳亚尔出版公司，一家国际性传媒服务公司——居特斯洛的欧唯特集团，一家融合了线上、线下图书销售的出版发行公司——居特斯洛的直接集团，以及音乐出版公司——纽约的 BMG。本案例关注的对象是直接集团，尤其是其运营的贝塔斯曼书友会。2005 年，直接集团创造的利润占比达到了 13%（见图 5-1）。贝塔斯曼集团的业务覆盖了 63 个国家，拥有近 88,500 名员工，冈瑟·席伦是集团董事长兼首席执行官。莫恩家族拥有集团 23% 的股份，还控制着贝塔斯曼基金会，该基金会持有集团剩余 77% 的股份。很显然，莫恩家族对集团价值有着决定性的影响。

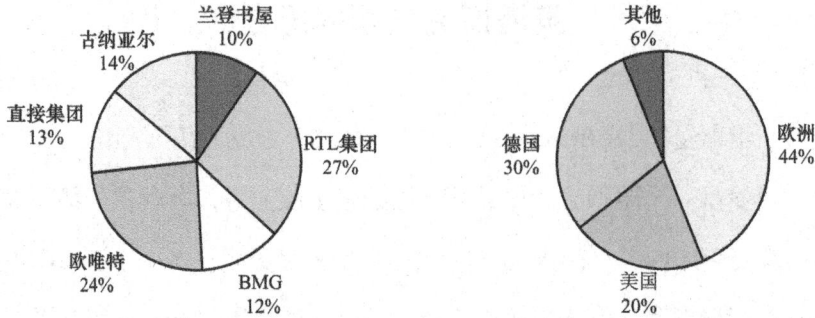

数据源:贝塔斯曼直接集团中国(2006年)。

图5-1 贝塔斯曼集团的利润分布(按业务单元和地理区域划分),
总收入(2005年):17.9亿欧元

贝塔斯曼集团进军中国市场

1993年是历史性的一年,贝塔斯曼集团准备进军中国传媒业,并开始和上海地方政府讨论可能的合作机会。1994年7月,双方经过一系列的谈判和筹备,签订合资经营合同。想在中国长期营业的话需要营业执照,1995年2月,贝塔斯曼集团和中国科技图书公司合资建立了上海贝塔斯曼文化实业有限公司。1997年,上海贝塔斯曼文化实业有限公司成立了贝塔斯曼书友会,风行全球的书友会的经营理念首次被带到了中国。由于社会的发展和私人财富的增加,2006年,贝塔斯曼书友会的会员超过了150万人,每年图书、CD、VCD、DVD和电脑游戏的销量高达700万份。那时,贝塔斯曼集团在中国经营着多个商业领域的业务,有好几家子公司,包括直接集团的贝塔斯曼书友会和21世纪图书连锁有限公司(译者注:均于2008年注销)。

根据与中国科技图书公司所建立的合资企业的条款，贝塔斯曼书友会获得的经营许可仅限于上海，若要在上海以外的地方开展除了邮寄业务以外的以书友会为中心的业务，就需要创建另一家合资企业。2003 年，贝塔斯曼集团宣布收购北京 21 世纪图书连锁有限公司 40% 的股份，设立合资公司。贝塔斯曼集团终于走出上海的书友会，在全国范围内经营起图书零售业务。到 2006 年，直接集团由两个业务部门组成：21 世纪图书连锁有限公司（以下简称 21 世纪图书连锁）和贝塔斯曼集团书友会。书友会主要负责图书的邮寄业务，在上海有 9 家零售店，21 世纪图书连锁则在全国开设了 28 家零售店。

中国文化以及它对西方企业产生的影响

在中国开展业务给西方企业带来了很多挑战，既有公司文化差异，又有国家层面的文化差异，对德国贝塔斯曼集团来说尤其如此。总体来说，中国人重视礼仪，以和为贵。

霍夫斯泰德文化维度理论（Hofstede's Cultural Dimensions Theory）中的权力距离（power distance）在亚洲文化中很明显，意味着不同级别的人可能拥有不同的权力。然而，并非所有员工都能"完全忠诚"于自己的工作，但这能够被长期激励计划所抵消，如让员工持有本公司股票和期权、提供假期和部门团建。集体与人际关系极其重要，同样重要的还有作为个人商业网络的"社会关系"和让成员有集体感的"单位"。如果集体感很强烈，同事之间就不会因为错误互相指责。

中国图书行业概况

贝塔斯曼集团在中国面对的主要竞争对象是网上的折扣书店，其市场占有率更高。由于互联网的兴起，像亚马逊这样的电商零售公司给传统公司带来了很大的压力。另外，中国的许多本土企业给像贝塔斯曼集团这样的国际企业带来了更多挑战。本土企业熟悉当地的商业环境和国家政策、法律法规，而贝塔斯曼集团却不具备这些资源。

2004 年，直接集团中国的前编辑主任借鉴了贝塔斯曼集团的商业模式，自己成立了一家叫作 99 读书人（99 Read）的图书零售公司，该公司成为贝塔斯曼集团的另一大竞争者。99 读书人创始人凭借其对中国市场的了解，和出版商建立了更加牢固的关系，能够以更优惠的条件采购图书。为此，贝塔斯曼集团与出版商签订合同，用出售独家出版物的方式来应对 99 读书人的折扣战略。

直接集团在中国的供应链

直接集团在中国最重要的供应商就是出版商，出版商为直接集团推荐新的图书和作者，还负责图书的生产制造，包括图书的创作、编辑、印刷、装帧和把图书运送到贝塔斯曼集团的仓库。

上海贝塔斯曼文化实业有限公司和 21 世纪图书连锁有限公司都是合资企业，因此直接集团可以在全中国各地开设零售店。贝塔斯曼书友会的收入占到了两家公司收入总和的 75%，两家公司的零售店营业收入则达到了总业务收入的 38%，比邮寄图书业务的增长更快。由于法律原因，贝塔斯曼书友会和 21 世纪图书连锁的仓库都在上海，但却是分开的。邮寄图书业务和上海 9 个书友会的图书供应都是由书友会的仓库负责，21 世纪图书连锁的仓库负责的是分布在上海以外的 16 个城市的 28 家零售店的图书供应。

支撑书友会运营的商业模式是——假设每个成员都会定期通过电话、传真、邮件或者网络来订购图书，订单通常会在 24 小时内得到处理，图书通过中国邮政服务到达客户手上。从仓库到客户的整个订购提前期取决于两者的距离，时间从一天到一周不等。

从仓库到零售店的情况与此类似。首先，仓库经理告知零售店有哪些可订购的图书，两天后零售店下订单。上海的零售店每两周下一次订单，由于仓库就在上海，图书一个工作日就能到店。而对于上海以外的 28 家零售店，时间会长一些。这 28 家零售店经常每一周下一次订单，根据自身到仓库的距离，从仓库接收订单请求到图书到店这一完整的外向物流过程通常要花费 6 到 10 天不等。其中的一天是第三方物流提供商为订单做准备的时间，其余时间则是在途时间。

目录开发流程

贝塔斯曼书友会的主目录有 48 页，在每个奇数月的月初发布。例如，如果某年的第一个目录在 1 月发布，下一个就会在 3 月上旬发布，中间间隔大概两个月时间（见图 5-2）。

制作目录的时候，会有一个复杂的工作流程把书友会以及 21 世纪图书连锁的各方负责人员连接起来（见图 5-3）。图书发货之前第 65 天，书友会目录的制作就要开始。在动员大会上，市场营销部和编辑部会在一起讨论，为目录构思主题。在接下来的几周时间里，会先后编撰一个完整度为 80% 和 100% 的目录，后者包含了决定列入下一个目录中的所有指定书名。作为这个流程中的一个里程碑，完整度为 100% 的目录需要在图书发货之前第 34 天敲定。对于"超新标题"（new new titles）[1]的图书，这一天尤为重要，因为书友会需要和出版商协商签订初始合同。大纲一旦确定，就要开始目录的印刷。在图书发货之前第 10 天，所有流程都会被中止，目录的内容和布局不可再改变。目录制作的最后阶段有着严格的修改截止期限，但此前的阶段过了截止期限仍然可以做一些修改。为了制作一个"新鲜"的目录，编辑团队经常会不考虑截止期限，在最后一刻添加一些新的目录项。

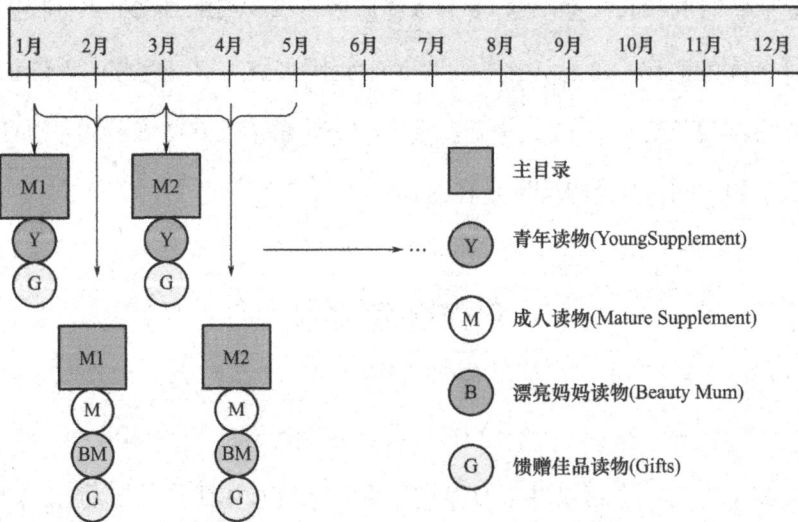

数据源：贝塔斯曼直接集团中国（2006年）。

图 5-2　贝塔斯曼书友会内部目录发布流程

1　"超新标题"（new new titles）是书友会的目录中第一次出现的图书标题。原英文短语是受到了中文语法的启发，并且公司日常商业活动均使用这个说法。

3月				4月				5月	
0天	14天	20天	30天	31天	32天	46天	49天	55天	65天
↓	↓	↓	↓	↓	↓	↓	↓	↓	↓
A	B	C	D	E	F	G	H	I	J
开始	计划标题	定好80%的标题	试算平衡表	定好全部标题	简要大纲	大纲	第一次起草目录	截止日	发送目录

21世纪图书连锁的内向物流开始于发送目录之前第34天

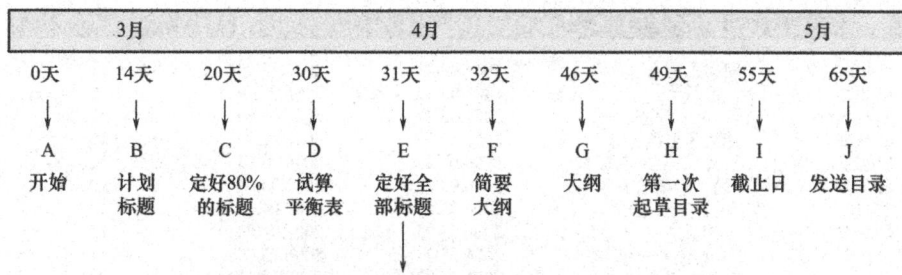

数据源：贝塔斯曼直接集团中国（2006年）。

图 5-3 整个目录开发过程的时间表

内向物流

贝塔斯曼书友会和 21 世纪图书连锁的内向物流过程与外向物流很相似。书友会要想经营得好，不但目录要吸引人，目录上的图书也要及时到货才行。出版商负责把图书运到两家公司的仓库，正常情况下，订单会和图书几乎同时到达仓库。目录完整度达到 100% 时，内向物流就开始了。之后，书友会与出版商会花费 2~4 天协商签署合同，合同上写明了从出版商到仓库的固定交付日期，从图书到达仓库到发往零售店会间隔大概一周时间。为了防止出版商进行不必要的拖沓，公司一般会要求更短的订购提前期。整个交付周期大概是 20~30 天。

由于要预提其他客户的订单，书友会的及时订单并非总是按时生产和交付的。一份图书运送的跟踪报告显示，承诺交付和实际交付的平均时间差为 10 天（见图 5-4）。考虑到中国的实际情况，书友会和 21 世纪图书连锁的销量又依赖大型出版商，贝塔斯曼公司难以直接要求缩短交付周期。因此交付日期实际上是由出版商决定的。

项目	书名	估计到达时间	实际到达时间	时间差/天
......	......	......	......	......
85469	阁楼上的光	2006.03.23	2006.10.04	18
85392	蓝石头	2006.03.23	2006.07.04	15
85414	蓝,另一种蓝	2006.03.23	2006.07.04	15
85413	迷失的男孩	2006.03.23	2006.07.04	15
85405	英语广场2005下半年合订本	2006.03.23	2006.07.04	15
85409	科学的答案我知道	2006.03.23	2006.04.04	12
85410	健康的答案我知道	2006.03.23	2006.04.04	12
85467	糊涂学	2006.03.23	2006.04.04	12
85386	古典今看	2006.03.23	2006.03.04	11
85486	老徐的博客	2006.03.23	2006.28.03	5
85406	电脑医院2006	2006.03.23	2006.28.03	5
85475	简·奥斯丁全集	2006.03.23	2006.28.03	5
85395	陷阱	2006.03.23	2006.28.03	5
85396	鹈鹕案卷	2006.03.23	2006.28.03	5
85421	口才改变人生	2006.03.23	2006.28.03	5
85403	天下衙门	2006.03.23	2006.28.03	5
85470	健康蔬菜	2006.03.23	2006.28.03	5
85471	二人开伙	2006.03.23	2006.28.03	5
85407	西西里的传说	2006.03.23	2006.23.03	0
85408	五月之诗	2006.03.23	2006.23.03	0
85497	看上去很美	2006.03.23	2006.23.03	0
85412	雨天的海豚们	2006.03.23	2006.22.03	−1
85399	扑克牌魔术	2006.03.23	2006.22.03	−1
85491	感悟(绿版)	2006.03.23	2006.21.03	−2
......	......	......	......	......

平均值(估计和实际到货日期的差值)为10.44天。

数据源: 贝塔斯曼直接集团中国(2006年)。

图 5-4 图书运送的内向物流跟踪报告

外向物流

两家公司的外向物流差别很大。书友会需要处理邮件订单,并为附近的 9 家零售店供应图书。在目录发出的那天图书应该已经到库。然而邮寄图书延后几天影响并不大,因为从会员收到目录到下单往往会间隔3~4 天。给零售店供应图书也相对轻松,因为从仓库到任意一家零售店最多花费一天时间,也不用处理批量订单,因为零售店天天都能下单。

21 世纪图书连锁则需要规划好供应链流程,在目录发出那天同时供应上海以外的 28 家零售店,由于距离太远,路况也不好,尤其冬天天气寒冷时，完成难度很大。由于在图书出货那天店内会展示目录，图书还需要赶在竞争对手之前到货，21 世纪图书连锁的图书到库时间比书友会更早。许多书友会的雇员都没有意识到 21 世纪图书连锁对贝塔斯曼集团在中国获得成功的重要性，也没有意识到零售店业务面临的挑战。

21 世纪图书连锁的零售店每周只能下一次订单。每周四仓库经理把库存清单发送给所有零售店，这也是其外向物流的开始。零售店有两天时间下单，第三方物流提供商第 3 天就开始准备卡车，第一批卡车周六出发。有的零售店距离仓库不到一天路程，但是这些店在周末忙着处理收到的库存，仓库会在下周一才收到订单。对于一些偏远的零售店，运输就要花费一周时间，仓库可能到下周五才会收到订单。因此从仓库接收订单到零售店收到图书大概会间隔 6~10 天。

图书到店情况

21 世纪图书连锁的主要问题是图书到店时间太晚，目录上的新书尤其如此。图书到店晚于书单到店太久，零售店就会损失重要的潜在利润。当图书生命周期结束后，多余的图书就会堆积起来，如果到店早的话这些书是能够被卖出去的。对图书到店情况的评估结果显示，在发送目录的前一天，只有 29% 的超新标题图书到达上海仓库附近的零售店，只有 9% 到达更远的零售店（见图 5-5）。

图书能否及时到店很关键，主要有两点原因：第一，图书也是时尚品，新书对顾客的吸引力是很大的，大多数图书销量高的时期就是出版后的前 3 周；第二，这些延迟到店的超新标题图书往往是畅销的，经常会卖断货,尽管如此,书友会的竞争对手似乎好几次都提前把这些书提供给顾客。

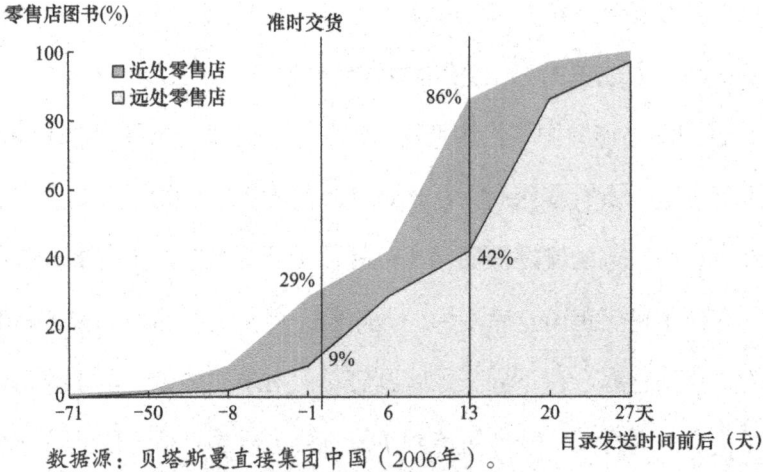

数据源:贝塔斯曼直接集团中国(2006年)。

图 5-5　零售店超新标题图书到货情况

　　21 世纪图书连锁图书供应的延迟问题可以追溯到合并仓库。例如,3月是一年中图书销售的高峰期,只有75%的超新标题图书是在目录发送日之前到达仓库的,如图5-6所示,对超新标题图书销量分析的结果显示,销量前 18 的图书总销量占到了超新标题图书总销量的 60%,而在 3 月,销量前 18 的图书有 10 本都是在目录发出之后才到仓库。由于存在订购提前期,零售店图书库存将会更少。书友会的仓库也有类似的问题,但是情况相比之下稍好一些(见表 5-1)。

表 5-1　仓库图书到货情况

目录发送日图书到库情况	3 月	4 月	5 月
贝塔斯曼书友会	76%	89%	98%
21 世纪图书连锁	75%	76%	77%

注:在 5 月 7 日(不是当月的第一天)测量。

数据源:贝塔斯曼直接集团中国(2006年)。

项目	3月图书销量排名	书名	占超新标题图书总销量的百分比	延迟到货天数	编辑所打星级
84343	1	莲花	11.4%	13	★★★★★
84955	2	小王子经典珍藏版	7.0%	-7	★★★
84970	3	泡沫之夏	4.5%	12	★★★
84907	4	死亡拉力	4.2%	-2	★★★★
84522	5	甜心涩女郎	3.8%	13	★★★★★
84926	6	面包树上的女孩	3.4%	1	★★★★
84916	7	韦特塔罗精装修订版	3.4%	0	★★
84924	8	伤心致死	2.5%	7	★★★
84036	9	印记	2.3%	13	★★★
84954	10	风度	2.3%	-7	★★
84923	11	我叫金三顺	2.2%	7	★★★
84981	12	读者文摘2005合订(秋季+冬季)	2.2%	-12	★★★
85044	13	遗忘爱	2.1%	6	★★★
84925	14	卡耐基黄金50年	2.0%	-15	★★
84929	15	食物是最好的药2	1.8%	-7	★★★
84935	16	我的可爱老师	1.8%	6	★★
84968	17	悟空传	1.8%	-21	★★
84919	18	瓦尔登湖	1.5%	-1	★★
			60.2%		

黑色：延迟到仓库。
灰色：延迟到店。
白色：在目录发送日准时到达。
数据源：贝塔斯曼直接集团中国（2006年）。

图 5-6 销量前 18 图书的延迟到库情况

零售店库存情况

对于零售店的库存情况，有 3 个互不影响的因素扮演着重要角色：初始预测时采用的方法、再订购的流程、零售店经理的关键绩效指标。

最初的需求预测是 21 世纪图书连锁的编辑团队做的，就像上面提到的，媒体产品的销量预测难度很大，书友会和 21 世纪图书连锁两家公司的编辑团队所做的预测都无人监管。编辑即使能够近距离观察市场，但是最后做预测靠的也只是直觉。

零售店经理担负再订购的任务，到货延迟可能会导致他们误认为供不应求了，从而再次订购图书。为了避免这种情况，21世纪图书连锁的管理团队规定不允许将订购的图书退回仓库。不仅如此，21世纪图书连锁和书友会也与出版商达成了这种共识，即非特殊情况不允许退回图书。结果就是，零售店平均库存超过实际所需的3~5倍（见表5-2）。

表 5-2　零售店库存情况

目录	月销量 （库存单位）	零售店	平均库存积压 因子[1]	理想库存积压因子（Q^{*}[3]）
A（6个 零售店）	150,000 ~ 310,000	杭州、北京（3个）、 上海[2]、深圳	4月　4.16 5月　5.33 6月　6.92 平均　5.47	4月　1.09 5月　1.05 6月　1.03 平均　1.06
B（11个 零售店）	70,000 ~ 149,999	宁波、大连（2个）、 徐州、广州、天津 （2个）、北京（2 个）、青岛、成都	4月　4.22 5月　3.91 6月　3.36 平均　3.83	4月　1.04 5月　1.07 6月　1.03 平均　1.05
C（11个 零售店）	<70,000	重庆、昆明、哈尔 滨（2个）、深圳（2 个）、北京、沈阳（3 个）、长沙	4月　3.76 5月　3.18 6月　3.06 平均　3.34	4月　1.03 5月　1.03 6月　1.02 平均　1.03

①库存积压因子是指，实际库存为用"报童模型"计算出来的最佳库存的倍数。

②不在上海市区范围内。

③用"报童模型"来计算不确定条件下的最佳库存水平：Q^{*}是要计算的最佳库存水平。

$$Q^{*} = \mu + Z^{*}\sigma，其中 Z \to a = C_{u} / (C_{o} + C_{u})$$

· Q^{*}——最佳库存水平

· μ——平均需求量

· σ——需求标准差

· Z——由 a 得出的正态分布的统计值

· a——最佳服务水平

· C_{u}——采购少量成本

· C_{o}——采购过量成本

结果是，由于严重的采购过量，21世纪图书连锁的最佳服务水平大概在67%，相应的库存积压因子为3.3~5.5。

数据源：贝塔斯曼直接集团中国（2006年）。

　　与零售店经理奖金有关的关键绩效指标（Key Performance Indicator，KPI）和贝塔斯曼集团的综合利润之间没有很强的联系。21世纪图书连锁的零售店经理并不是本店所订购图书的拥有者，他们的关键绩效指标主要是销量情况。零售店经理仅承担供不应求的风险，而不用承担滞销风险，因此他们会更倾向于订购更多的图书，甚至还会在店里存不下多余图书的时候使用一些新奇手段。

　　现实情况是，为图书做需求预测几乎是不可能的。首先，零售店业务的图书供应链是推动式的，可能在最后的阶段才会知道是否会有顾客下订单。其次，对图书这样的媒体产品做需求预测很复杂，因为图书属于时尚品的范畴，其销量在一定程度上取决于个人品味。再次，图书的生命周期通常很短，大概为3个月到6个月，因此首次订购量很关键，零售店能够卖出大部分图书的时间只有几个月。最后，每年发行的图书数量很多，这也增加了需求预测的难度，每两个月就有超过100本新书出现在书友会的主目录上。

　　周福光决定把上海总部的老朋友找来，和其他零售店经理以及两家公司的总监一起商量对策，以便更好地处理订单，让图书按时到店，解决高库存量和订单混乱的问题。周福光知道，在这次会议上他一定会做出一些艰难的决策，但想到有机会把最新的《哈利·波特》及时呈现给客户，甚至赶在竞争对手之前，他不禁又高兴起来。

讨论题

　　（1）描述贝塔斯曼书友会和21世纪图书连锁的供应链，并且将其可视化。绘制出两家公司的商品、资金和信息流图（可以使用图 5-7 作为模板）。描述 21 世纪图书连锁特定业务部门的外向物流周期，并将其可视化。绘制直接集团的目录开发流程图，然后把它与 21 世纪图书连锁内向、外向物流流程进行比较，找出瓶颈所在以及图书延迟到店的原因，并给出解决办法。

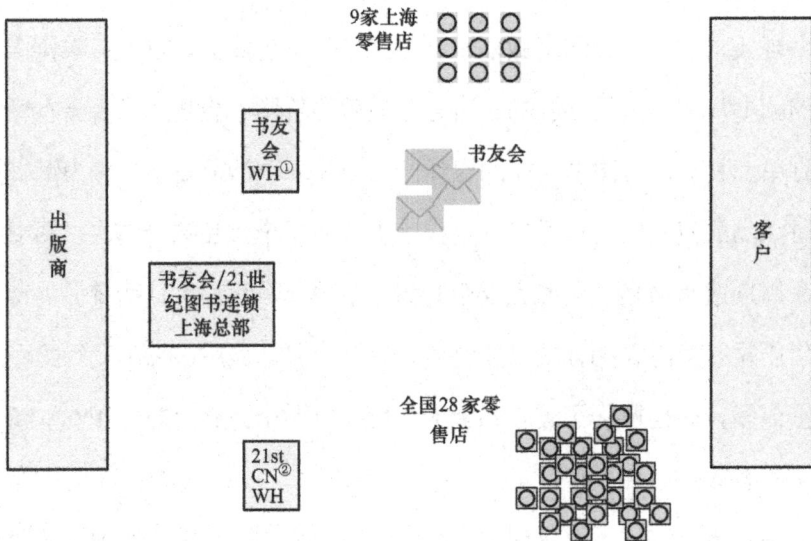

①仓库。
②21世纪图书连锁。
数据源：贝塔斯曼直接集团中国（2006年）。

图 5-7　贝塔斯曼直接集团中国供应链的绘制样例

（2）解释供应链推拉的概念，找出并描述 5 种推拉边界。书友会和 21 世纪图书连锁两家公司分别应该归入哪一类？你如何判断其对供应链的战略意义？

（3）文化差异在贝塔斯曼直接集团中国的决策中扮演什么角色？首先，解释"组织文化"和"企业文化"这两个术语，然后，将中国文化和贝塔斯曼的企业文化在价值、规范、行为框架模式这几个方面进行比较并找出差异。

（4）简短地描述 21 世纪图书连锁零售店的库存情况，说出导致库存现状的几个重要原因及其直接影响。导致书友会高库存水平的根本原因是什么？你认为图书延迟到货和这个原因有联系吗？有更适合零售店经理的激励制度吗？提出你的改进建议。

（5）解释供应链网络设计的概念，供应链绩效最主要的推动力和最重要的指标分别是什么？对于贝塔斯曼直接集团中国来说，哪些指标尤为重要？其对应的供应链驱动力是什么？

2006 年除夕夜的一周前，刘峰（音译）在上海总部的办公室里坐着，他是贝塔斯曼中国的供应链协调员。外面的吵闹声很大，烟雾从打开的窗户窜进来，这种情况下，要完全专心是不可能的。

刘峰知道，时间就是生命，他必须在春节假期开始之前想出减少物流总成本的方案，并撰写一份详细的报告呈交给副总裁。他在之前已经不止一次思考过这个问题了，并且已经明确得出了部分解决方案，那就是扩大和第三方物流提供商的合作以及增加区域仓库数量。他拼命地回想以前上过的供应链课程内容，罗列出一些零星的知识点，但也无法彻底解决这个问题。时间在一点一点流逝……

前文介绍了贝塔斯曼集团在中国的图书零售业务及其面临的一些挑战。贝塔斯曼集团是一家全球性的媒体和商业服务提供商，集团有 6 个子公司，总计有约 88,500 名员工。旗下有世界上最大的图书出版集团——纽约的兰登书屋，欧洲领先的杂志出版商——汉堡的古纳亚尔出版公司，以及著名的音乐出版公司——纽约的贝塔斯曼音乐集团，等等。

贝塔斯曼集团供应链面临的问题及改进之路

贝塔斯曼集团于 1994 年进入中国市场，在中国成立了两家开展图书零售业务的子公司。管理总部设在上海的贝塔斯曼书友会，在上海地区运营零售店和图书邮寄业务。2006 年，贝塔斯曼书友会的会员超过了 150 万，图书、CD、VCD、DVD 以及电脑游戏的年销量超过 700 万份。总部位于北京的 21 世纪图书连锁，在中国的 16 个城市开设了 28 家书店。

2006 年的夏天，由于零售店图书滞销，销售绩效开始下滑。图书很快会过时并失去价值，同时，库存持有成本也随着库存量的上升而增加。存货量上升的原因是图书延迟到店，零售店经理会因此订购过多的图书。

贝塔斯曼集团通过改进供应链管理流程来解决这个问题。为了保证图书在短期内能够及时到店，公司内部的目录开发流程会提前两周开始。另外，集中式的图书需求预测方式提升了预测的准确性。这是很关键的一点，因为图书需求具有高度不确定性，很难预测一本书会成为销量冠军还是无人问津。此外，贝塔斯曼集团把零售店库存量相关指标也纳入到零售店经理的绩效指标内，他们就会想办法减少库存成本，零售店整体的库存情况因此得到了显著的改善。

深入理解 21 世纪图书连锁的供应链网络

除了挑选和营销潜在图书销量冠军以外，贝塔斯曼集团在中国取得

成功的最重要因素就是供应链的管理。这个流程由两部分组成：一是从
3 家主要出版商那里采购图书并运送到上海的仓库；二是把图书从仓库配
送到零售店所在的 16 个城市。

21 世纪图书连锁内向物流的工作机制

21 世纪图书连锁把关注点放在了 3 家主要出版商上，大概有 85% 的
图书都是从这 3 家出版商购入的，在采购新书时基本不考虑其他的当地
出版商。中国很多的出版商都位于首都，因此这 3 家主要出版商里有两
家都在北京，每个订单周期最多能够分别供应 4,000 本和 5,000 本图书。
第三家出版商位于上海，每个订单周期最多能够供应 7,000 本图书。第三
方物流服务提供商把图书运送到上海的仓库，按日结算固定的费用。不
管是往返中心仓库还是其他任何路线，每单位库存的运输费用仅为 0.61
元人民币。此外每单位库存还有 0.16 元的装货费。

分销网络的细节

2006 年的冬天，21 世纪图书连锁只运营一个位于上海郊区的仓库，
所有货物都会经过这个仓库，由于货运容量有限，无法采用直接运输的
物流模式。为了避免进一步的损失，在每个订货周期结束以后，这个仓
库的库存应该清零。在仓库处理货物没有特殊的内部成本，因为大部分
的工作都由第三方物流服务提供商完成了，计算费用时这部分工作量也
被考虑在内。21 世纪图书连锁的零售店位于以下 16 个城市：上海、北京、

天津、青岛、大连、沈阳、哈尔滨、杭州、宁波、徐州、长沙、成都、
深圳、广州、昆明、重庆（见表5-3）。如果一个城市有不止一家零售店，
货物会先被运送到一个物流中心，然后再用更小的运输车辆配送给每家
店；若只有一家零售店，那么货物会被直接送到店。相对于运输总成本，
在城市内往返于不同零售店之间的运输成本可以忽略不计。汇总同城零
售店的货物可以减少库存成本和避免不可预测的情况发生。即使预测某
本书的需求量很困难，一年的图书整体需求却是相对稳定的，只有春节
之前会有一个小高峰。贝塔斯曼集团供应链管理的目标是尽最大努力避
免库存过剩。

分销网络的优化

贝塔斯曼集团采用线性规划的方法对供应链网络进行了成本优化，
出版商、仓库和零售店被称为节点，3家出版商为供应节点，上海仓库为
转运节点，零售店为需求节点。每个节点都分配了特定的成本，其中最
重要的成本是物流总成本，贝塔斯曼集团将该成本定义为运输成本和库
存持有成本之和。

深入优化的必要性

2006年的夏天，21世纪图书连锁取得了重大发展，但其供应链网络
的设计显然已经过时了。由于图书销量增加，供应链网络随之扩展，而
在规划该网络的时候21世纪图书连锁没有预料到其扩展速度会如此之快，
达到极限是迟早的事情。因此，经过讨论以后，21世纪图书连锁得出了

两个改进供应链网络设计的方案。第一个方案是与第三方物流服务提供商以合同物流的方式合作，第二个方案是增加更多的路线来挖掘现有供应链网络的全部潜力。

物流服务提供商是如何提供增值服务的

在东亚地区，物流是一个发展迅速的行业。中国最主要的贸易中心都位于东部沿海地区。在 2006 年前后，中国中部地区的工业化进程大大增加了内陆地区运输流，专业物流服务的需求量也随之增大，欧洲和北美的物流服务提供商借机进入中国市场，为中国市场提供广泛的物流服务。物流服务主要有两种类型：第一种是以运送为核心的货运代理，供应商使用自己的设备和运输工具，但是只提供十分有限的增值服务，有的甚至不提供；第二种是供应商采用轻资产模式，他们处理和物流相关的所有流程，但是把纯粹的运输业务外包给货运代理商，这种运营模式下的供应商提供包括合同物流和仓库管理等在内的许多增值服务，他们还使用更复杂的供应链网络设计，即"小贩路线"，以此来让一辆卡车依次为多个目的地提供服务。

欧洲较大的第三方物流服务提供商之一和贝塔斯曼集团建立了长期合作关系，为中国市场的图书供应链提供物流服务。由于 21 世纪图书连锁的零售店网络持续扩张，其对该供应商的重要性也日益增加。在 2006 年的秋季，这家供应商的服务推进到了合同物流的形式，开始提供新型的仓储服务。这家供应商提供位于北京的合同仓库（见表 5-3），承包所有的相关处理流程，收取每本书 0.2 元人民币的固定费用，作为合同仓库中处理图书的总费用的一部分。

表 5-3　根据与第三方物流服务提供商的合同及 2006 年每订单周期的
平均需求量确定的交货期

订购提前期 / 天		
从	到	
	上海仓库	北京仓库
北京 零售店 1	3.19	0.70
北京 零售店 2	3.51	0.90
上海 零售店	0.85	3.19
需求量 / 本		
从	到	
	上海仓库	北京仓库	
上海	1.06	3.19	1,700
北京	3.19	1.06	2,300
天津	3.08	1.08	550
青岛	3.19	2.12	650
大连	4.30	2.05	800
沈阳	4.25	2.12	400
哈尔滨	5.31	3.19	900
杭州	1.06	4.25	300
宁波	1.09	4.27	300
徐州	2.12	2.12	650
长沙	3.19	4.25	750
成都	7.44	6.38	350
深圳	4.25	7.44	1,100
广州	4.23	8.51	400
昆明	5.31	7.44	650
重庆	7.56	8.07	500

数据源：贝塔斯曼直接集团中国（2006 年）。

优化供应链网络设计

刘峰想到了几个理论上可行的供应链网络设计方案，其中一个似乎很有趣。基于现状，所有的货物都必须存储在上海的中心仓库里，而连接一些零售店，这样就能提高运输效率。21世纪图片连锁的所有零售店中，有4家零售店拥有大型的销售区域，这4家零售店分别位于上海、北京、天津和青岛。理论上，这4家零售店可以作为附近城市零售店的区域仓库（见表5-4）。

表 5-4　送货到店情况下的订购提前期

		订购提前期 / 天			
	到		从		
		上海	北京	天津	青岛
1	上海	0.00	4.14	3.92	4.43
2	北京	4.14	0.00	1.38	2.76
3	天津	3.92	1.38	0.00	1.29
4	青岛	4.43	2.76	1.29	0.00
5	大连	5.52	2.83	2.59	3.24
6	沈阳	5.46	2.76	3.89	5.19
7	哈尔滨	6.90	4.14	4.54	7.25
8	杭州	1.38	5.52	1.29	0.64
9	宁波	1.32	5.52	2.59	3.89
10	徐州	2.76	2.76	5.22	3.86
11	长沙	4.14	5.52	5.19	5.19
12	成都	9.67	8.28	4.54	5.31
13	深圳	5.52	9.67	9.09	7.79
14	广州	5.54	11.05	9.74	8.66
15	昆明	6.90	9.67	9.09	9.23
16	重庆	9.67	9.80	6.38	6.49

数据源：贝塔斯曼直接集团中国（2006 年）。

贝塔斯曼集团的订购提前期也能因此缩短。一方面，响应能力的提升会带来几个重要的优势，包括显著提升服务水平、提升客户满意度、增加需求预测的准确度以及减少安全库存量。另一方面，由于产生了额外的库存任务，销量可能会受到不良影响。

一辆卡车刚刚从积雪的道路上开走了，刘峰看着地图，清晰地认识到，这将是一个漫长的夜晚，他必须做出一些取舍。另外，还需要尽快规划和第三方物流服务提供商的新合作方式。他打开了 Excel 文件，开始了思考。

讨论题

（1）描述 21 世纪图书连锁目前使用的供应链网络设计方案。从刘峰的角度设身处地进行思考，最常用的供应链网络设计方案是什么，对应的供应链成本是多少？考虑到出版商的地理位置和增加新的运输路线的可能性，就 21 世纪图书连锁的发展战略而言，如何改进现有供应链网络设计以减少物流总成本？

（2）从最低成本问题的角度出发，考虑现有供应链网络设计，并通过线性优化计算出整个供应链网络的物流总成本。你会从这 3 家出版商分别订购多少图书？

（3）21 世纪图书连锁的第三方物流服务提供商为刘峰提供了扩大合同物流合作的机会，公司能够租用该服务提供商的部分仓库，你认为公司应该租用吗？请说明理由。

（4）刘峰考虑让上海、北京、天津和青岛的 4 家大型零售店为其他零售店供应图书，让卡车的运输路线能够连接到其他所有零售店。刘峰认为，上海、北京、天津和青岛的零售店面积较大，因此较适合为其他零售店供应图书。如果按照刘峰的想法实施，外加租用物流服务提供商在北京的仓库，21 世纪图书连锁的运输网络会变成什么样？你认为刘峰的想法可行吗？

06

食品供应链优化：嘉年华公司

迪克·维贝克,鉴定生产及库存业管理师

资源整合管理师

国际供应链管理师

案例背景

路易吉·佐丹奴焦虑地打开公司总部发来邮件的附件,他是嘉年华公司的食品运营主管。他的新上司雷金纳德·库珀是公司的运营高级副总监,库珀的信如下。

致北美地区食品运营主管的信

您的管理团队需要确保公司的战略计划能满足股东和客户的需求,为达此目的,高层管理团队将于下月开始对公司的长期战略计划进行审查和更新。

我们的市场调查显示,北美的邮轮行业将在未来几十年继续保持显著的增长趋势,我们也预测到一些同行会采取措施来挑战我们在市场上的主导地位,如我们主要的竞争对手可能会提供价格折扣。我们认为食品供应链的相关成本占总成本很大一部分比例,它有降低成本的空间。下周,请对您的船舶食品供应链进行一次彻底的审查,以定位能够削减成本的地方。我们公司的总体目标是把花在每位乘客身上的食品成本减少20%,您为实现这一目标所做的贡献对公司的长期发展至关重要。

我期待着您的详细建议。

真诚的。

雷金纳德·库珀

佐丹奴喝了一大口早晨的意式浓缩咖啡，他知道，未来一段时间都要熬夜了！

嘉年华公司概况

嘉年华公司全称嘉年华邮轮集团（Carnival Corporation & plc），是全球较大的邮轮运营商，也是世界上较大的度假公司之一。该公司旗下有好几个品牌。

（1）嘉年华邮轮（Carnival Cruise Line）；

（2）公主邮轮（Princess Cruises）；

（3）荷美邮轮（Holland America Line）；

（4）卡纳德邮轮（Cunard Line）；

（5）歌诗达邮轮（Costa Cruises）；

（6）P&O 邮轮（P & O Cruises）。

嘉年华公司的总部位于美国佛罗里达州的迈阿密和英国伦敦，其拥有一支由 80 多艘船组成的船队，通常有超过 15 万客户和 65,000 名船员处于航行状态。

表 6-1 总结了嘉年华公司的关键财务数据，所有数据的单位都是百万美元。

表 6-1 嘉年华公司的部分运营财务数据

报表			
收入	200x	200y	200z
邮轮客票	8,903	8,399	7,357
船上消费	2,514	2,338	2,070
其他收入	422	357	300
	11,839	11,094	9,727
成本和费用			
运营			
佣金和运输费	1,749	1,645	1,572
航行开销和其他杂费	453	412	359
薪酬支付及相关费用	1,158	1,122	1,003
燃料	935	707	493
食物	644	613	550
邮轮运营	1,538	1,465	1,315
其他非航行开销	314	254	210
合计	6,791	6,218	5,502

数据源：嘉年华公司 2009 年度报告。

北美邮轮行业概况

佐丹奴的船已被分配到北美市场提供服务，其在每年 11 月到次年 4 月的冬季在加勒比海巡游。加勒比海的典型行程为 7 天，一般是从迈阿密的港口出发，有 3 到 4 个停靠港，包括巴哈马、美属维尔京群岛、波多黎各以及特克斯和凯科斯群岛。

在每年 6 月至 8 月的夏季，佐丹奴的船又会到东北海岸提供服务，其 4 天的行程从纽约出发，通常会以加拿大新不伦瑞克省圣约翰市的港口作为停靠站。

北美有 3 家公司占领了邮轮业的主要市场份额，除嘉年华公司外，皇家加勒比（Royal Caribbean）邮轮公司和挪威邮轮公司（Norwegian Cruise Line）一共占领了 80% 以上的市场。

如图 6-1 所示，北美邮轮市场的需求增长稳定。

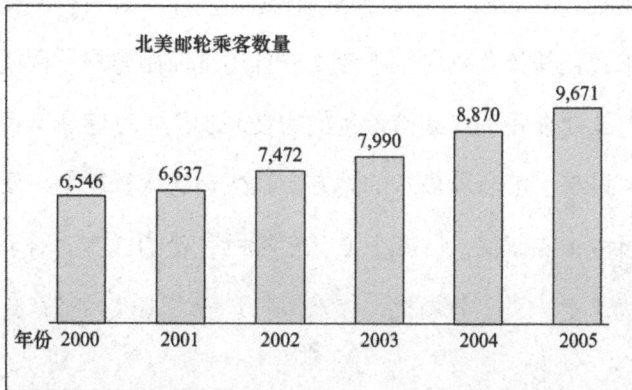

数据源：邮轮国际协会(Cruise Lines International Association，CLIA)。

图 6-1　北美邮轮客运量增长情况

运营主管佐丹奴的思考过程

佐丹奴是一位在邮轮行业工作了 10 年的资深人士，他决定严格地以事实驱动分析，为总部提供建议。他请船上的总厨帮忙找出问题并提出问题的解决方案，他也认为，来自主要供应商的关键代表或许可以提出有价值的见解。为了促使每个人都能参与进来，他安排了与厨师长蒂莫西·卢梭的私人会面，并马上给迈阿密和纽约的两家主要供应商的联系人发送了电子邮件。

与厨师长卢梭的谈论

厨师长卢梭走进佐丹奴的小屋,"砰"的一声把门关上,抱怨道:"公司总部的那些人不知道怎么想的,难道他们不知道在食物方面是不能偷工减料的吗!我们的客人要求得到最好的,他们也应该得到最好的!"

"放轻松些,老朋友,"佐丹奴回应道,"你误解我们的任务了,公司总部要求我们保持食物种类不变,并且还是保持客户所期望的高标准。但是,总部要求我们仔细检查我们的食品加工、存储和准备工作,以查明任何可以减少浪费和成本的地方。我想请您认真思考一下这个问题,提出尽可能多的想法,以减少准备食物所花费的成本。对于我们丢掉的那些食物,我一直十分困扰,你知道吗?每次巡航,乘客会人均浪费价值 30 美元的食物。"

卢梭保守地回答:"这是一艘邮轮,佐丹奴,客人们希望有丰富多样的自助餐,而预测任何一天在自助餐厅用餐的人数都是不可能的!"说罢,卢梭便冲出了佐丹奴的办公室。

卢梭的反应让佐丹奴很担心,因为这可能会成为制定减少食物浪费策略的一个严重障碍。

典型的食物消费

佐丹奴继续从公司数据库中搜集数据,经过大量的搜索以后,他找到了自己运营的这艘船的食物消费数据。通过查询,他得出了食物消费概况表(见表6-2)。

表 6-2　每周食物消费概况

食物详情	价值
平均每周采购食物	360,000 美元
平均每周消费食物	230,000 美元
平均每周丢弃食物（变质食物等）	130,000 美元
浪费的食物	
过度准备的食物	55%
变质（到期）的食物	35%
其他杂项	10%
平均每周肉类消费（鸡肉、牛肉等）磅数	20,000
平均每周蛋类消费数量	48,000
平均每周牛奶消耗加仑数	1,000

注：1 磅 ≈ 0.45 千克，1 加仑 ≈ 3.79 升。
数据源：嘉年华公司 2006 年度报告。

　　看到这些数据后，佐丹奴挠了一会儿脑袋，自言自语地问："为什么我们会有这么多的浪费？我们预测的每周食物需求应该能够更精确的呀。"佐丹奴注意到，计算机屏幕上有名为"预测船上食物需求"的菜单项。

影响食物消费的因素

　　由于多种因素的影响，预测 3,000 多名乘客和 1,000 多名乘务员总共 4,000 多人的食物消耗比预期要困难。卢梭在给佐丹奴的书面答复中总结了以下问题。

　　（1）每周有 3,000 名口味、食物过敏情况和饮食习惯各不相同的新乘客。

（2）每周的乘客总数可能会波动。

（3）一些乘客在邮轮每次停靠港口时都会上岸参加短暂的游览活动，因此他们当天在船上吃的食物变少。其他乘客则选择在部分港口上岸，或者全程都待在船上。每次航行，这两种乘客所占的比例都不一样。

（4）邮轮有时还会由于天气原因或者机械故障而改变航线，发生这种情况时，食物需求会增加，因为没有人在停靠的港口吃饭。

嘉年华公司的食品运营政策

对所有邮轮来说质量控制都是至关重要的。为了进行质量控制，嘉年华公司的食物和酒水的准备流程都是经过美国食品药品监督管理局（Food and Drug Administration，FDA）认证的。这样一来，就不能在各个停靠港口为邮轮购买额外的货物了。

此外，该船在离开迈阿密港口时必须携带两周的库存，这种食品安全储备可以提供一个"保险"，以防船舶长时间失灵或滞留在海上。

食品采购流程

当前，食品的采购流程非常匆忙且不正式，表6-3总结了一些基本步骤。

表 6-3　每周食品补货情况

负责人	时间安排	任务
佐丹奴	下一次巡航出发前两天	计算船上所有项目的总消费量
佐丹奴和卢梭	下一次巡航出发前一天	讨论下次巡航船上菜单的调整和计划
佐丹奴		计算下次巡航所需食物
佐丹奴		审查主要供应商网站上的特价商品和新商品等，把订单发给供应商
供应商	上午 8：00 和下午 2：00 之间	所有订购食品的交付

　　佐丹奴对大多数食品使用简单的消费替代模型，例如，他在邮轮离开迈阿密之前打算准备 96,000 个鸡蛋，便订购了足够的鸡蛋来补充库存。

　　选择供应商的一个重要标准就是，他们能够在邮轮停靠迈阿密的非常短的 6 个小时内交付高质量的商品。

　　佐丹奴认为，现在的补货流程虽然易于理解和操作，但大部分可能需要重新设计才能实现新上司设定的目标。他请求两家供应商对补货流程进行评估，并根据与竞争对手和其他行业公司打交道的经验来提出改进建议。他特别要求供应商在给供应链合作伙伴发送电子邮件时"确定采购的最佳做法"。

　　此外，他认为自己应该好好利用公司新的客户偏好数据库。该数据库是早些时候从赛仕（SAS）软件公司购买的营销分析系统的一部分，佐丹奴可以用它预测客户对船上所有可用物品的偏好，包括短途旅行、水疗护理以及食物和饮料偏好。赛仕软件公司提供了相关培训，传授了操作新系统所需的技能。但佐丹奴太忙了，并未参加这个培训。

食品部门职工情况

在 1,000 名船员中，有 520 名参与了船上食品的准备和运送工作（如表 6-4 所示）。

表 6- 4　食品运营人员数据

职务	数量
厨师	110
餐厅人员	250
公共事业管理人员和支持人员	160

嘉年华公司所有船员的薪资水平较高，厨师的薪资水平是根据工作岗位和服务年限而浮动的，公司还鼓励他们参加在线烹饪学院的课程来提高技能。而其他食品运营职位的员工流失率很高，主要由于工作时间长且工资相对较低。

嘉年华公司的食品供应商群

嘉年华公司主要与许多提供全方位服务的分销商打交道，这些分销商与许多中间商和制造商合作，为嘉年华公司提供各种食品和饮料，还负责协调所有影响卸货港货物交付的物流细节。分销商必须要满足一些要求才会被记录在合格的供应商名单上（见表 6-5）。所有产品的定价由总公司的采购人员和合适的分销商代表进行协商，并通常签订一个有效期为 6 个月至 12 个月的固定价格合同，嘉年华公司 80% 以上的食品都是由签订了固定价格合同的分销商提供。

表 6-5　供应商需满足的要求细节

要求	细节
质量和安全	经过美国食品药品监督管理局批准，符合危害分析与关键控制点（Hazard Analysis and Critical Control Point，HACCP）体系
可用性和安全性	必须在所有卸货港都有经营点。必须加入海关－商贸反恐怖联盟（Customs-Trade Partnership Against Terrorism，C-TPAT）必须符合美国反生物恐怖法案（Bioterrorism Act，BTA）和美国原产地标识法案（Country of Origin Labeling，COOL）要求

　　大约95%的货物是在卸货港交付的，剩下的5%基本上是新鲜农产品，这些货物在临时协商的港口进行交付。

　　根据相对总拥有成本（Total Coast of Ownership，TOC）和是否能按时交货，满足要求的公司会被打一个分数以供选择。得分前5名的公司会被放在优先供应商名单上。一般来说，每艘邮轮80%以上的食品预算都花费在名单上前3名的公司，剩下的20%是一些包装产品、新鲜蔬菜和肉类。

　　每家供应商会提供一份食物清单，上面的食物都是符合或超过嘉年华公司对食品多方面的要求的，包括品牌知名度、存储时间、价格、质量、包装和制备难度。因为垃圾会在邮轮的整个行程都被存储在船上，所以食品的包装至关重要。而烹饪人员流通量大，所以食品也必须易于准备。

　　正常情况下，为新厨师开设的产品使用培训课程很少或者根本没有。船上的工作人员可以从分销商提供的列表中订购任意数量的产品。公司总部的采购人员有时候会和分销商一起建一个主题为"嘉年华热卖"之类的网站进行限时促销活动。为了满足乘客需要，公司允许并鼓励船上的工作人员订购食品和饮料来为即将到来的航程做准备。

　　佐丹奴首选的是两家提供包装商品和肉类的分销商，其提供的产品分别占佐丹奴所在邮轮每年购买的包装商品和肉类总量的95%和90%。其中，伊特韦尔食品公司（EatWell）是新鲜农产品的供应商。这两家公司都和嘉年华公司签订了为期两年的合同，两家公司的定价条款有效期均为 45 天。

竞争对手的基准数据

佐丹奴认为，把成本减少 20％这个目标可能是没有经过认真考量就设定的。因此，他决定下载皇家加勒比邮轮公司和挪威邮轮公司这两家主要竞争对手的成本和客运的基准数据。

表 6-6 总结了皇家加勒比邮轮公司 200z ~ 200x 的收入和支出的数据（所有值均以千美元为单位）。

表 6-6　皇家加勒比邮轮公司的部分运营财务数据

合并报表			
收入	200x	200y	200z
邮轮客票	3,838,648	3,609,487	3,359,201
船上销售和其他收入	1,390,936	1,293,687	1,196,174
	5,229,584	4,903,174	4,555,375
成本和费用			
运营			
佣金和运输费	917,929	858,606	822,206
航行开销和其他杂费	331,218	308,611	300,717
薪酬支付及相关费用	501,874	510,692	487,633
燃料	480,187	367,864	251,886
食物	278,604	270,674	269,436
邮轮运营	739,817	677,785	687,505
其他			
合计	3,249,629	2,994,232	2,819,383

数据源：皇家加勒比轴轮公司 2006 年财务报告。

当分析挪威邮轮公司的财务数据时，佐丹奴发现其中还包括了其母公司丽星邮轮公司（Star Cruise Lines）运营的其他业务的数据。由于没办法把挪威邮轮公司和丽星邮轮公司的财务数据分离开来，他决定在分析基准数据时不使用挪威邮轮公司的财务数据。

表 6-7 列出了嘉年华公司和皇家加勒比邮轮公司的客运数据。

表 6-7　载客量

公司	200x	200y	200z
嘉年华	7,008,000	6,848,000	6,306,000
皇家加勒比	3,600,807	3,476,287	3,405,227

数据源：嘉年华公司和皇家加勒比邮轮公司 2006 年度报告。

佐丹奴注意到，皇家加勒比邮轮公司分析了开支占收入百分比的情况，他决定用同样的方法对嘉年华公司进行分析。表 6-8 展示了他的分析结果，即食品成本占总营收的百分比。

表 6-8　食品成本占总营收的百分比

公司	200x	200y	200z
嘉年华	5.4%	5.5%	5.7%
皇家加勒比	5.3%	5.5%	5.9%

食品采购寻源的建议

佐丹奴收到了两家供应商联系人回复的电子邮件，邮件内容如下。

来自分销商伊特韦尔食品公司客户支持协调员马克·贝尔的邮件。

左丹奴：

您的邮件我已收到。我相信我的公司能帮助贵公司实现降低成本的目标。具体而言，我建议从以下几个方面实施。

（1）购买更多的主食和散装干货。可以在我们的储存设施中存放你们购买的食品，你们每周提交委托申请即可。

（2）从报价更便宜的供应商那里购买某些食物。

另外，我司新开发了一套软件工具，能够管理食品的消耗和补充。我们的网站上有该套工具的详细信息以及可供下载的试用包，这封电子邮件的附件中有这套工具的一些主要亮点的介绍。

我建议您下一次来迈阿密的时候，我们开一次会，共同审查提议的细节，我也好为您完整地演示软件的使用方法。

马克·贝尔

邮件附件内容

伊特韦尔食品公司食品和饮料库存管理套件有 3 个模块可供船舶使用。

（1）库存控制系统（Inventory Control System，ICS）。该系统用于库存控制、采购申请、食物的订购和收货。该系统包含了大量与库存、消费和订单相关的报告以及计算绩效指标的前沿方法，这些指标包括库存周转率、现金转换的周期等。

（2）餐饮系统（Food and Beverage System，FBS）。该系统可用于追踪从销售终端（Point of Sale，POS）系统卖出的饮料的销售数据，还包括一个关于用餐次数和饮料人气度的详细报告。

（3）餐数计算系统（Meal Count System，MCS）。该系统用于跟踪服务期间的点餐数。该系统在船上厨房的一台笔记本电脑上运行，能总结餐厅订单的最新情况。这样在晚餐期间，厨师就可以查看这些信息，以确定是否要追加某些菜肴。这些数据每天都可以从 FBS 系统导出。

这 3 个系统可以在所有的 Microsoft Windows 计算机操作系统上运行。

来自 L & M 肉类食品公司的销售和客户服务分析师露西·劳伦斯的邮件。

佐丹努：

很高兴您联系我，并就贵公司成本削减成本计划寻求我的建议。我能给出的建议就是，将供应过程的灵活度最大化。例如，我的很多客户利用我们在北美的多个经销点来提高供应的灵活度。你知道我们在哈利法克斯、新斯科舍省和波多黎各都有肉类配送设施吗？使用这些设施的话，我们也能够更好地预测贵公司的食品需求，如果您能提前一周把食品需求的预测结果提供给我们，效率还能进一步提高。反过来，我们又可以为贵公司提供一些配送设施的库存。

所以，我相信，使用我们位于波多黎各的供应设施，贵公司可以大量减少晚餐肉类（羊肉、小牛肉等）的库存，平均库存量就会随之减少。以下是一些进一步的细节。

（1）离开迈阿密以后，把晚餐肉类的库存从 14 天量减少到 5 天量。

（2）在加勒比海行程中，贵公司的邮轮总是停在波多黎各，我们可以在那里给贵公司的邮轮提供 2 天量的新鲜晚餐肉类。

（3）由于贵公司政策规定，必须带上 2 周量的食物才可以启航，所以我建议把带包装的早餐肉类的库存从 14 天量增加到

23 天量。

　　邮件附件里的电子表格有我对贵公司的邮轮的当前状态的一个初步分析。

　　请注意,计划的关键是每种肉类的相对价格(晚餐每日为 13,000 美元,早餐每日为 3,000 美元)。

　　有时间跟我喝杯咖啡,谈谈具体细节部分,随时通知我。

露西·劳伦斯

L&M 肉类食品公司的邮件附件

L&M 肉类食品公司的邮件附件内容展示在表 6-9 中。

表 6-9　L & M 肉类食品公司的分析

现状			
	平均每周采购食物	供应天数	价格 / 供应天数
晚餐肉类	95,000.00 美元	7	13,571.43 美元
早餐肉类	25,000.00 美元	7	3,571.43 美元
离开迈阿密			
		供应天数	价值
晚餐		14	190,000.00 美元
早餐		14	50,000.00 美元
合计			240,000.00 美元

讨论题

　　距离上司设定的方案提交日期还有一天时间,佐丹奴知道,这将是一个漫长的夜晚,因为有许多问题仍然亟待解决。

（1）由于两家公司的食品成本几乎是相同的（见表6-8），为了降低总成本，减少20％的食品成本是否合理？除了食物成本占收入的百分比，有没有更好的衡量绩效的方式？

（2）要减少供应链的成本，需要如何改进采购流程？

（3）如何才能减少食品的消费量变化产生的影响？

（4）佐丹奴应该在方案中推荐使用哪些指标？

（5）厨师长卢梭能为20％的成本削减目标做哪些贡献？

（6）佐丹奴应该在方案中推荐采纳哪家供应商的建议？

（7）在对食品成本或客户情况进行比较时，皇家加勒比邮轮公司和嘉年华公司间的差异是由哪些因素造成的？

07

让供应链网络分析满足商业现实：
得梅因制造公司

约翰·麦克唐纳,

密歇根州立大学 开尔文·酒井,

优特埃国际物流有限公司

案例背景

吉姆和菲尔站在汽车租赁柜台前面。他们刚刚从不同的港口赶来参加得梅因(Des Moines,DMS)制造公司的第三次或最终会议。得梅因制造公司是一家由《财富》评选出的全球 500 强的消费品生产企业。作为外部顾问,吉姆和菲尔在几个月前被聘来为得梅因制造公司做供应链网络分析,分析本身进展顺利,但他们却敲不定要给出的最终建议。"如果今天租那辆野马的话,我会额外再出 30 美元,"吉姆对菲尔说,"我需要额外的精力去思考这些会议的详细信息。"菲尔会意地笑了笑,把那辆野马租了下来。

30 分钟后,菲尔开车赶往爱荷华州的马歇尔敦,吉姆又叹了口气,并开始思考如何对一个看似简单的供应链网络分析进行深入研究,这是他今天第三次叹气了。

吉姆想到,供应链网络分析量化了现有供应链节约的成本和服务水平,如通过打开或关闭仓库、直接运送货物,或运送略小于最大容积的货物来更有效地利用卡车。不过,如果现有的供应链是相对不灵活的话,又会发生什么呢?应该从哪些方面进行改进?对于供应链网络分析无法解决的其他重要问题,又该怎么办呢?难道要忽略这些问题,就好像它们不存在?在开车驶向马歇尔敦的路上,所有这些不确定性都困扰着吉姆。

得梅因制造公司的历史

得梅因制造公司最近迎来了其成立 100 周年的纪念日，这家历史悠久的公司已经发生了许多变化。100 年前爱荷华州的居民人口在美国总人口中的占比更大。

得梅因制造公司在美国的客户群位于芝加哥、明尼阿波利斯、奥马哈、堪萨斯城和圣路易斯之间的中间地带。但是，随着时间的推移，公司在美国的客户群已经扩展到美国东海岸和西海岸。与此同时，得梅因制造公司发展成了一个全国性乃至全球性的公司，它的许多产品在美国国内外都有销售。在过去的 30 年中，得梅因制造公司逐渐把许多核心生产服务外包给位于爱荷华州以外的其他美国公司，后来外包给墨西哥、欧洲以及亚洲的供应商，在中国、泰国和马来西亚都设立了工厂。

许多海外原材料和零部件通过西海岸和芝加哥送往马歇尔敦。这是因为得梅因制造公司主要为马歇尔敦的社区提供服务，因此公司在该地区继续维护其主要产品的生产工厂及工程与研发中心。其结果是，几乎所有得梅因制造公司的产品，包括菲尔和吉姆的当前项目的一个核心产品，必须通过马歇尔敦才能完成整个生产流程。

"芳香计划"——涂料产品项目描述

在马歇尔敦开第一次会议的时候，得梅因制造公司就针对该项目给了菲尔和吉姆一个初步的详细描述。然而,在项目进行的过程中,更多的细节和问题显现了出来。

该项目的重点是家用涂料产品部及该部门的多个全球供应商。这些供应商主要是通过海运把原材料送到美国。图 7-1 展现了整个流程,表 7-1 提供了对应的海运费用信息。为了便于分析,假定运输费用是从供应商的始发港开始计算的,空运只在紧急情况下按需使用。

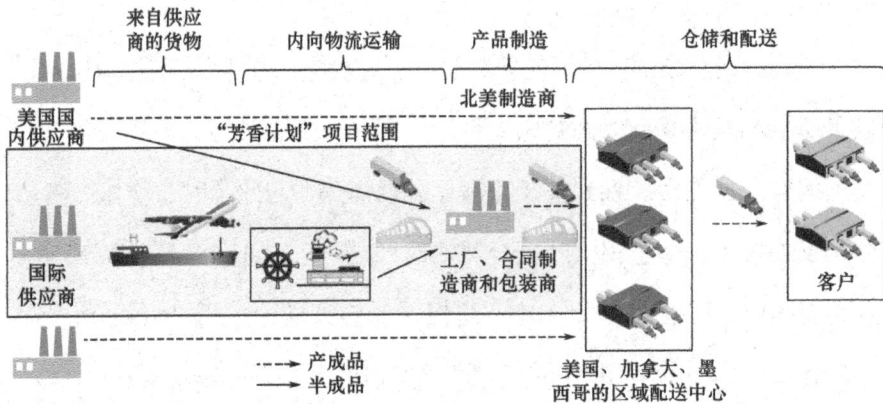

图 7-1　项目范围

表 7-1　海路运输费用

海路运输	英里	单个集装箱每英里的成本
盐田—长滩	8,825	0.34 美元
中国上海—塔科马	6,964	0.34 美元
中国上海—西雅图	6,951	0.34 美元
中国上海—奥克兰	7,480	0.34 美元
中国上海—长滩	7,911	0.34 美元
长滩—塔科马	9,135	0.34 美元
林查班港—萨凡纳	11,362	0.34 美元
林查班港—长滩	10,130	0.34 美元

续表

海路运输	英里	单个集装箱每英里的成本
中国香港—塔科马	7,910	0.34 美元
中国香港—长滩	8,847	0.34 美元

注：利率是统一的，因为得梅因制造公司有一个一揽子合同，除了卸货费用以外，各个港口卸货的费用都是一样的。

所有的海运集装箱都是 40 英尺标准集装箱。需要以适当的比例来计算表 7-5 中的容积，以确定每年发送的海运集装箱的数量。把拖车转换为 40 英尺标准集装箱，需要严格地以 40∶53' 的比例来进行估计。

每年有 4,650,000 箱刷子，每箱有 15 把刷子；每年有 34,875,000 箱油漆，每箱有 2 罐油漆。

燃油附加费：卡车 = 每加仑燃油成本的 20%；铁路运输 = 每加仑燃油成本的 2%。如果 1 加仑燃油费为 5 美元，卡车的燃油附加费就为 1 美元。

未来 5 年对增长容量的预测：加利福尼亚 20%，爱荷华州 15%，佐治亚洲 25%，得克萨斯州 17%。

家用涂料产品部的典型产品包括为儿童房设计的各个颜色的特殊无毒漆、画笔、工业漆等。这些产品将先被运到美国，然后通过铁路或卡车运到马歇尔敦（进行质量控制），或者爱荷华州和明尼苏达州的指定合同制造商处。某些情况下，制造商将接收到的产品作为原材料来生产其他产品，或只对接收到的产品进行包装，即简单地配对来自不同来源的产品并打包，然后运送到区域配送中心（Regional Distribution Center, RDC）以供日后出售给零售客户。

这个驱动得梅因制造公司对供应链进行审核的新项目被称为"芳香计划"（Project Fragrance），该项目的油漆产品在生命周期的第一年能够释放香味，该油漆产品用一次性油漆罐盛装并附送一把油漆刷。油漆刷产自中国，而油漆产自马歇尔敦的主要制造工厂，有一家当地的供应商为工厂提供装油漆的罐子。合同制造商随后会用收缩性薄膜把油漆刷和油漆罐包装在一起，贴上打印标签以后运送到区域配送中心以待日后销售。

"芳香计划"的产品作为该部门的新产品,是供应链网络分析的焦点。从亚洲进口的前 10% 产品以及随机选出的 10% 的开发中的产品在被送到合同制造商进行最终包装之前,要先送到马歇尔敦进行质量检查。

在第二次会议后,得梅因制造公司要求吉姆和菲尔选择一个能降低公司运输总成本的合同制造商。表 7-2 展示了合同制造商和供应商的位置及预测的供应量。此外,公司还要求他们在"芳香计划"的执行过程中观察和评估供应链相关部门并提出建议。

表 7-2 港口附近合同制造商和供应商的位置和设施容量

合同制造商位置	合同制造商设施容量	供应商位置	供应商设施容量 / 箱
爱荷华州马斯卡廷	1,000,000/1,000,000	中国上海	1,250,000/1,600,000
明尼苏达州罗切斯特	2,000,000/2,000,000	中国香港	2,575,000/3,750,000
爱荷华州得梅因	1,650,000/1,700,000	泰国曼谷	825,000/825,000

为 "芳香计划" 开展的会议

古斯塔沃·科尔特斯是得梅因制造公司在北美的运输管理经理,他还是"芳香计划"供应链网络分析的主要发起人,并组织了第一次会议。在吉姆和菲尔对公司的供应链网络进行建模的过程中需要任何数据或信息的时候,他的助手朱莉·罗兹担任主要联系人。吉姆和菲尔使用一个叫作 ModelPro 2020 的建模工具对供应链网络进行分析。

"不对终端客户进行建模,"古斯塔沃说,"我们有 5 个区域配送中心,可以作为模型中产品流的最后一站。这 5 个区域配送中心分别位于旧金山、达拉斯、亚特兰大、纽约和马歇尔敦。该项目的目标是尽量减少美国国内外的运输费用，我们目前混合使用铁路和卡车来运输进口货物，并把我们的货物运送到区域配送中心。"

各个区域配送中心的相对容量（以单位体识计）相差很大，各配送中心的相对容量（所占总单位体积百分比）如下所示。

（1）旧金山占 12.5%（服务西海岸地区）。

（2）达拉斯占 12.5%（服务从中南部到亚利桑那州区域）。

（3）亚特兰大占 20%（服务东南部地区）。

（4）纽约占 20%（服务新英格兰和中大西洋地区）。

（5）马歇尔敦占 35%（服务中西部地区和落基山脉各州）。

菲尔再次确认，铁路是用来把货物运送到配送中心的。表 7-3 展示了铁路的费用信息。通常，要缩短将商品交付到客户手中的时间意味着需要使用卡车来加快运输速度。菲尔试图更深入地了解服务对得梅因制造公司的客户并不非常重要的原因。朱莉打断说："好了，真正的问题是我们的库存。我们看不到库存！现在的情况是，只有当我们打电话给合同制造商询问所拥有产品的数量时，其才会把库存信息提供给我们。当然，其每个月会对我们进行收费，但我们认为这个数额并不合理。我个人认为，无论如何我们都应该停止外包。如果我们能够在马歇尔敦完成产品包装，而不是把卡车开到 150 英里以外的一些合同制造商那里，这样运输成本将大大下降。我希望你的分析结果能够表明马歇尔敦是较好的新合同制造商选址地点。"表 7-4 提供了州际之间的整车（Full Truck Load，FTL）运输费用，表 7-5 展示了拖车能够装载的不同单位产品的最大数量。

表 7-3 州际间整车（铁路）运输费用（不包括燃油附加费）

出发地简称	目的地省份简称	运输时间/天	铁路里程	设备类型	长途运费/美元
CA	IA	5	2,080	53' 联运	1,427
CA	NY	9	2,881	53' 联运	2,792
CA	TX	7	2,101	53' 联运	1,397
CA	GA	8	2,555	53' 联运	2,585
WA	IA	6	1,890	53' 联运	1,466
IA	CA	5	2,080	53' 联运	1,577
IA	GA	5	803	53' 联运	1,276
IA	NY	4	800	53' 联运	1,414
IA	TX	3	1,041	53' 联运	1,522

其他路线的费用可以通过查找里程并从上表中获取的每英里的平均成本来计算。

铁路运输的燃油附加费 = 每加仑燃油成本的 2%。如果 1 加仑燃油费为 5 美元，铁路运输的燃油附加费就为 0.1 美元。

表 7-4 每英里整车装载州际运输成本（不包括燃油附加费）

终点 \ 起点	加利福尼亚州/美元	佐治亚州/美元	爱荷华州/美元	纽约州/美元	得克萨斯州/美元	明尼苏达州/美元
亚拉巴马州	1.31	1.93	1.37	1.46	1.47	1.33
阿肯色州	1.32	1.35	1.32	1.31	1.62	1.31
亚利桑那州	1.13	1.1	1.13	1.18	1.2	1.1
加利福尼亚州	2.31	1.4	1.38	1.42	1.49	1.37
科罗拉多州	0.98	1	0.93	1.08	1.06	0.91
康涅狄格州	1.01	0.97	0.97	2.59	1.01	0.92
哥伦比亚特区	1.4	1.38	1.37	1.94	1.44	1.33
特拉华州	1.12	1.1	1.09	2.27	1.14	1.05
佛罗里达州	0.93	0.91	0.89	0.96	0.93	0.85
佐治亚州	1.33	2.42	1.32	1.46	1.4	1.32
爱荷华州	1.63	1.72	3.22	1.84	1.81	2.21
爱达荷州	1.07	1.1	1.08	1.16	1.16	1.05
伊利诺伊州	1.42	1.5	2.01	1.67	1.51	1.95

续表

起点 终点	加利福尼亚州/ 美元	佐治亚州/ 美元	爱荷华州/ 美元	纽约州/ 美元	得克萨斯州/ 美元	明尼苏达州/ 美元
印第安纳州	1.36	1.44	1.44	1.68	1.39	1.48
堪萨斯州	1.39	1.41	1.47	1.46	1.57	1.36
肯塔基州	1.4	1.64	1.46	1.77	1.53	1.43
路易斯安那州	1.42	1.49	1.43	1.56	1.88	1.4
马萨诸塞州	0.94	0.91	0.9	1.59	0.95	0.87
马里兰州	1.13	1.13	1.1	1.8	1.18	1.09
缅因州	1.44	1.44	1.39	1.96	1.47	1.35
密歇根州	1.31	1.34	1.3	1.57	1.34	1.36
明尼苏达州	1.58	1.61	2.2	1.74	1.69	2.24
密苏里州	1.38	1.43	1.67	1.45	1.51	1.4
密西西比州	1.27	1.49	1.33	1.41	1.54	1.3
蒙大拿州	0.86	0.97	0.93	1.04	0.99	0.87
北卡罗来纳州	1.3	1.42	1.21	1.54	1.21	1.21
北达科他州	1.21	1.22	1.27	1.32	1.29	1.17
内布拉斯加州	1.57	1.59	2.09	1.73	1.73	1.59
新罕布什尔州	1.02	0.99	0.97	1.55	1.02	0.93
新泽西州	1	0.99	0.96	2.58	1.02	0.94
新墨西哥州	1.03	1.06	1.02	1.15	1.13	1.04
内华达州	1.56	1.44	1.41	1.5	1.52	1.38
纽约州	1.17	1.17	1.11	2.65	1.21	1.09
俄亥俄州	1.45	1.54	1.48	2.02	1.53	1.49
俄克拉荷马州	1.41	1.44	1.43	1.52	1.86	1.4
俄勒冈州	1.14	1.1	1.06	1.15	1.14	1.03
宾夕法尼亚州	1.12	1.13	1.11	2.15	1.15	1.08
罗得岛州	0.8	0.79	0.77	1.31	0.82	0.74
南卡罗来纳州	1.24	1.89	1.26	1.39	1.31	1.24
南达科他州	1.28	1.3	1.42	1.43	1.37	1.27

续表

起点 终点	加利福尼亚州/ 美元	佐治亚州/ 美元	爱荷华州/ 美元	纽约州/ 美元	得克萨斯州/ 美元	明尼苏达州/ 美元
田纳西州	1.18	1.62	1.24	1.43	1.33	1.22
得克萨斯州	1.13	1.16	1.11	1.22	1.67	1.1
犹他州	1.01	1	0.97	1.08	1.09	0.97
弗吉尼亚州	1.23	1.29	1.25	1.64	1.31	1.24
佛蒙特州	0.98	0.94	0.92	1.65	0.98	0.87
华盛顿州	1.05	1.04	1.01	1.08	1.06	0.98
威斯康星州	1.63	1.71	2.32	1.89	1.74	3.76
西弗吉尼亚州	1.5	1.62	1.52	2.1	1.6	1.47
怀俄明州	1.09	1.15	1.11	1.25	1.22	1.09

卡车的燃油附加费为每加仑燃油成本的20%，如果1加仑燃油费为5美元，卡车的燃油附加费就为1美元。

表7-5　拖车上产品的重量和体积

53 英尺集装箱拖车	箱/托盘	箱/拖车（每托盘装箱数×托盘数）	产品总质量/磅	每车托盘数	托盘总质量/磅	单车总质量（总产品质量+托盘总质量）
刷子	150	6,600	19,800	44	2,948	22,748
罐装油漆	90	1,980	39,600	22	1,474	41,074
一包[①]	90	1,980	40,392	22	1,474	41,866

① 一包包括一罐油漆、一个刷子。

就在这时，安倍·麦康奈进入会议室。他负责生产线的总体规划。"抱歉，我迟到了。我无意间听到了你说的话，朱莉。我认为你说对了一部分。其实，我们产品规划人员的很大一个难点就是确定在海外制造商那里下单时的订购量，"他接着对吉姆和菲尔解释说，"得梅因制造公司的产品最开始的销量经常要么飞快上升，要么飞快下跌。如果产品销量一开始就快速上涨的话，公司经常会丢失潜在的销量，因为初始库存不够，还因为部分产品周转期太长，从中国运输来新产品要花费2到3个月时间。

此外，公司的整体的存量购销率大于 10%，因为有的产品的实际销量并非产品规划人员想的那样一开始就快速上涨，其初始库存就会绰绰有余，而产品规划人员也无法快速取消订单，因为已有好几个月量的库存在送往马歇尔敦的船上了。"听到这里，吉姆和菲尔的大脑一片混乱。吉姆和菲尔同意古斯塔沃、朱莉和安倍的观点，但是，在得梅因制造公司安排的时间表和预算都如此紧张的情况下，他们应该如何在模型中解决这些问题？并且他们的首要任务是了解并基本掌握公司的供应链网络情况。

在接下来的 6 周里，菲尔经常和朱莉沟通，从得梅因制造公司使用的 Oracle 和 SAP 这两个企业资源规划（Enterprise Resource Planning，ERP）系统中收集数据。把一整年文件的数据整理好是个艰巨的任务，但是吉姆和菲尔完成了。接下来他们准备为得梅因制造公司建立一个基准网络模型。但是有些数据他们没能获取到，如区域配送中心的运营成本和容量限制，以及所有设施的人力成本。

第二次会议的目的是确认基准模型的正确性，并确保该模型计算出的费用和得梅因制造公司估计的实际费用之间的误差小于 10%。此误差范围是为了确保吉姆和菲尔的建模方案在未来得出的结论是可信的、经得起推敲的。成本确实在误差范围内，但下午的会议发生了一个计划之内意料之外的事件。

古斯塔沃、朱莉、安倍等正在会议室里对吉姆和菲尔的模型里要包含的各种他们想要的场景进行讨论。吉姆把各种建议写在白板上，作为之后优先考虑的方面。其中有一些大多数人都赞成的更为合理的场景。

（1）把位于马斯卡廷附近的合同制造商包装的所有产品，也包括"芳香计划"的所有产品都转移到西海岸的制造商进行包装，这样进口货物就无须被一路运到中西部，然后再被运回到旧金山的区域配送中心。

（2）把中国上海和中国香港的海运出货点合并为一个。

（3）取消当前美国国内采用的陆地联合运输方式，对纯卡车运输与纯铁路运输的成本进行权衡后二者择一。

（4）把当前分配给多家合同制造商进行的活动合并到一家制造商完成。

（5）允许在合同制造商所处的位置生产油漆罐，把产品从像马歇尔敦这样的一个单独的生产点运输到合同制造商处，从根本上减少运输成本。

每个方案都有一个假设的前提，即得梅因制造公司的大量刷子和油漆罐的制造都是被外包给亚洲的制造商的。得梅因制造公司最后选择的建模场景旨在回答一个问题，如果所有的合同制造商都合并成一个，应该如何选址才能使运输费用最小。为了评估这些场景，需要考虑不同的制造和罐装油漆的合同制造商的特点。此外，还要考虑得梅因制造公司提供给顾问的区域配送中心服务的需求点分布情况。

会议结束以后，朱莉告诉菲尔和吉姆采购和产品开发的全球副总监肯·马丁斯听说了他们工作的项目，希望今天晚些时候和他们交流。

肯十分亲切地对菲尔和吉姆进行了自我介绍，但会议一开始，他就提出一连串让人想不到的问题。肯问吉姆和菲尔有没有考虑过找一个美国之外的合同制造商？是否考虑过多伦多区域配送中心附近，或者墨西哥区域配送中心附近的合同制造商？当考虑另选油漆装罐地点的时候，有没有考虑到质量控制成本和生产准备成本？在分析时考虑产品总成本了吗？

古斯塔沃、朱莉和安倍的目标都只是减少各自负责的供应链部分的局部成本，而肯则能从全局的角度考虑成本问题。肯认为，由于这种局部的短视，其他成本都会比实际所需的偏高。他也想知道，吉姆和菲尔是否能够在未来 3 天内给他一个确切的答案，因为另一个代号为"密雨"（Compact Rain）的项目正在申请启动资金，而他必须在本周结束之前决定是否批准。"又是这种情况，"他说，"合同制造商位于马歇尔敦方圆 150 英里的范围内，产品从亚洲发过来，然后发到芝加哥，最后又会回到马歇尔敦。我感觉这样是不对的，但是我找不到任何数据或研究结果加以证明，我需要一些新的见解。因此，我把这个艰巨的任务交给你们，你们一定要在分析的时候考虑所有可能的因素。"

菲尔试图说明，虽然肯所说的问题确实值得探讨，但是其在当前项目的范围之外。但是吉姆猜测，得梅因制造公司的一部分问题可能是因为至今为止的研究范围过于狭窄，所以无法让人真正找到所需的答案。

吉姆和菲尔上飞机之前，得梅因制造公司请他们吃了顿晚饭。席间，公司的人聊到了一个关于公司的第三方物流服务提供商（为公司管理产品运输业务的代理公司）的故事。最近在运输得梅因制造公司的产品时，该第三方物流服务提供商遭受了一次严重的运输服务中断。运输货物的船在到达西海岸港口时遇到了罢工，好几天都无法卸货。该第三方物流服务提供商就让船把货物运到墨西哥，再用卡车把货物运到美国，在延迟最少时间的情况下，把产品交付给了得梅因制造公司。

听完这个故事，朱莉说："好吧，我希望那些额外费用并没有超过我的预算。这些费用本应该由我们的采购部门或第三方物流公司支付的。"吉姆认为，面向朱莉的激励机制也许是错误的。如果产品按时到达会影响她的预算，她宁愿产品在某地停留一两个星期。难道这也是为得梅因制造公司寻求较好的供应链网络设计所需要处理的一个问题吗？人满足于现状是由错误的激励机制造成的吗？

这些回忆和思绪不断浮现在吉姆的脑海里。吉姆和菲尔刚到得梅因制造公司参加最后一次会议，菲尔正把车停到停车场里。得梅因制造公司会怎么看他们得出的结论？这些结论肯定不会让所有人都满意，吉姆想知道模型里是否遗漏了能够优化得梅因制造公司供应链网络的其他因素。

讨论题

（1）进行初始方案成本分析以较好地确定新的合同制造商的位置，只需要考虑已提供的限制条件和数据。分析吉姆和菲尔分析过的 26 个地点中的至少 15 个地点，比较对象应包括爱荷华州的得梅因（因为离马歇尔敦最近），还应包括至少两个你认为可能的新位置，请列出你的假设。为了完成分析，你需要自己做出一些假设（如设施之间的距离）。人力成本和仓储费用并没有提供，可以忽略不计。

（2）解决问题最显然的切入点是成本。如果不考虑本案例的成本问题，又有其他哪些问题和可选项？一定要考虑可能出现的与供应链有关的权衡问题。

（3）肯给了两位顾问一个难题，让他们考虑所有可能的情景，还有什么其他的情景会影响新合同制造商的位置的选择？（提示：可以尝试放宽约束条件。解释你的推理过程和你的选择结果，并以最新的数据分析作为支撑，以确定位置是否满足要求。）

08

离岸外包策略制定：
几维医疗设备有限公司

斯坦利·福西特，韦伯州立大学

生活中的赛跑

米歇尔·莱杰筋疲力尽地靠着停车标志杆，按摩酸痛的腿部肌肉。她刚刚花了 90 分钟跑完了 20 千米路。米歇尔并不是专业马拉松选手，她只是通过跑步来缓解焦虑。她最爱的娱乐方式是长跑，每次她有工作压力时，就会去跑步。沿着怀特玛塔港跑步，看着远处的山脉，她内心的焦虑好像就会减轻很多。在跑步的时候，米歇尔回忆了过去几个月发生的事情。

她首先想到的是上午召开的执行指导委员会会议。会议结果并不好，蒂莫西·克雷格是几维医疗设备有限公司（Kiwi Medical，以下简称几维）的首席执行官，他让米歇尔解决公司当前市场占有率下跌的问题。虽然米歇尔很讨厌说"我不知道"这几个字，但是她确实不知道该怎么办。更糟糕的是，她也不确定什么时候能找到答案。几维从来没有进行过离岸外包，这些问题错综复杂。然而，尽管蒂莫西多次强烈质疑米歇尔，她肯定，匆忙做出的错误决定的成本远远超过一时无法做出决定的成本。

作为几维的运营总监，米歇尔的任务一直以来是提高几维的生产力和竞争力。是否要离岸外包的问题是由最近的市场分析结果引出的，该结果显示，即使几维在创新方面名列前茅，但在成本和交付方面却不占优势。因此，竞争对手获得的全球市场份额更多。竞争对手通过在亚洲建立工厂，降低了其成本，占据了这场竞技的上风。米歇尔和她的团队需要迅速对此做出回应。虽然米歇尔相信她的团队可以帮助几维重新夺回领先位置，但她却不太清楚如何对几维的全球运营结构进行重组才能取得优势。

几维的马拉松开始了

几维医疗设备有限公司成立于 20 世纪 60 年代末。几维电子（Kiwi Electronics）是一家创新型的家电制造商，因为家电市场极不稳定，所以成立了几维医疗设备有限公司作为对冲的手段。几维电子曾试图找到一个反周期的市场来发挥其技术专长。从以下 3 个方面来看，应对呼吸和睡眠时呼吸暂停问题的加热、加湿设备似乎是一个不错的选择。

（1）该行业尚不发达，没有发展成熟的竞争对手。

（2）几维的技术研发（Research and Development，R & D）的专业知识是其改变行业、与其他公司竞争的坚实基础。

（3）医疗器械行业有强劲的全球增长潜力。

随后的 30 年，几维医疗设备公司的销售稳步增长，财务表现良好，于 2001 年成为一家独立的公司，其总部和生产基地在新西兰的奥克兰。

几维冲刺全球高销量

到 2009 年，几维的全球销售额已经达到了 4.85 亿新西兰元（其市值约为 15 亿新西兰元，1 新西兰元约为 4.6 元人民币）。几维的产品卖给全球 120 多个国家的医院、长期看护单位和家庭保健分销商。其核心产品包括呼吸加湿器和新生儿护理产品，新生儿护理产品包括婴儿保温器和人工呼吸器。几维在阻塞性睡眠呼吸暂停（Obstructive Sleep Apnea，

OSA）市场占了很大份额，核心产品为持续气道正压通气（Continuous Positive Airway Pressure，CPAP）设备。几维也生产并售卖部署其设备所需要的配件（例如，一次性和可重复使用的加湿器水箱和呼吸机管道）。图 8-1 是以产品组为单位的销售情况图。

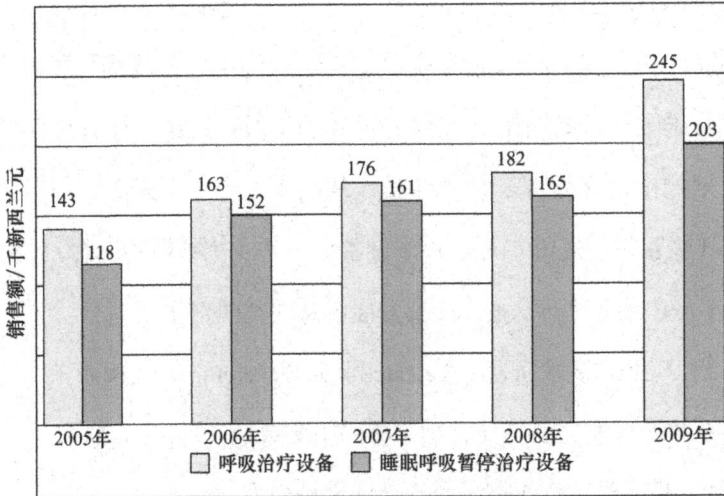

图 8-1　以产品组为单位的销售情况

从 2005 年到 2009 年，几维的销售收入以每年 19% 的惊人速度增长（2018 年除外，见表 8-1）。几维把销售增长归因于其强烈的科技创新意识和对扩大全球市场份额的不懈追求。

表 8-1　几维医疗设备有限公司的财务报表（单位为千新西兰元）

	2009	2008	2007	2006	2005
销售收入	538,923	384,022	380,706	321,397	267,028
外汇收益／亏损	−29,747	13,239	4,639	38,750	34,237
总营业收入	509,176	397,261	385,345	360,147	301,265
销货成本	235,417	197,370	167,941	134,715	108,921
销售费用、一般费用及杂费	132,011	108,623	106,459	90,664	74,794

续表

	2009	2008	2007	2006	2005
研发费用	31,424	26,741	22,941	19,256	17,978
营业利润	113,654	64,527	88,004	115,512	99,617
净融资费用	− 19,262	− 4,242	374	389	1,384
税前利润	94,392	60,285	88,378	115,901	101,634
税收费用	− 25,314	− 21,128	− 32,228	− 38,240	− 33,474
税后利润	69,079	39,157	56,150	77,661	68,160
按产品组划分的收入					
呼吸和急救设备	271,425	202,068	195,305	180,416	158,663
睡眠呼吸暂停治疗设备	224,890	183,570	178,775	168,887	131,285
配送和其他费用	12,860	11,624	11,264	10,845	11,361
合计	509,175	397,262	385,344	360,148	301,309
分地区收入					
北美	231,836	183,910	188,355	187,157	146,798
欧洲	168,617	128,759	119,811	95,927	86,488
亚太地区	79,684	64,699	59,287	60,668	55,968
其他	29,040	19,893	17,891	16,395	12,056
合计	509,177	397,261	385,344	360,147	301,310
财政状况					
有形资产	412,387	348,170	338,864	281,825	236,797
无形资产	46,861	19,980	23,856	15,067	18,847
总资产	459,248	368,150	362,720	296,892	255,644
负债	− 232,474	− 150,963	− 100,153	− 70,459	− 42,490
股东权益	226,774	217,187	262,567	226,433	213,154

（1）产品创新。几维致力于改进现有产品和开发创新的配套产品。几维持续投入研发，针对其核心技术开发新的应用。从 2005 年到 2009 年，几维投入产品开发和临床研究的资金平均占到了销售额的 6.3%。到 2009

年，由工程师、科学家和生理学家组成的研发团队已发展到273人。仅在2009年，几维就在世界各地市场取得了393项专利（美国有82项），另外还提交了369项专利申请书（美国有77项）。

（2）全球市场的发展。几维最大的市场在北美，然而，几维在亚洲和欧洲都曾占据了很大部分的市场份额（见图8-2）。为了进行积极有效的营销活动，几维组建了一支总共500人的销售、营销和分销团队，并在澳大利亚、中国、欧元区、印度、新西兰、斯堪的纳维亚半岛、英国和美国都成立了直销办事处。几维还与遍布全球的90多家分销商建立了合作关系。为了持续扩大市场，几维在2009年于加拿大和日本设立了两个新的配送中心。

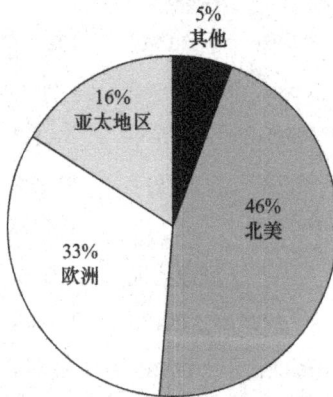

图 8-2　几维按区域划分的销售情况（2009 年）

几维受阻于产品制造

几维的全球销售额一直在增长，但是运营成本似乎也增长得失去了控制：在过去的5年中，运营成本以每年16％的速度增加。几维对新西兰的传统感到自豪，其广告语说："我们在总面积为 51,000 平方米的定制设施中制造、组装和测试我们所有的产品和组件。"这些设施使用先进的制造技术，并已获得 ISO 9001 和 ISO 13485（医疗器械质量管理体系，满足法规的要求）质量认证。

虽然新西兰的生产基地位置偏僻，但是几维因此获得了相对欧洲、日本和美国的最主要的竞争对手的成本优势。然而，现在对手已经建立了全球制造网络，几维有限的运营基地成为其劣势。

几维的转折点

可以说 2009 年对几维来说是值得庆祝的一年。两个产品组的营业收入总共增长了 28%（呼吸治疗设备增长了 32%，睡眠呼吸暂停治疗设备增长了 25%）。更令人高兴的是，营业利润增长了 76%。因为 2008 年对几维来说非常具有挑战性，加上运营成本普遍呈现上升趋势，首席执行官蒂莫西·克雷格决定对公司的竞争力和市场发展趋势进行一次深入的分析。

米歇尔就是这个分析团队的一员。令她意外的是，让她想要沿怀特玛塔港长跑的经常是公司那些成熟的呼吸治疗仪的问题。她把相关的研究结果清单贴在办公室的门上，以红色笔标记了其中最令人担忧的几项。长远来看，名单中对几维在呼吸治疗仪市场成功与否的影响较大的因素包括以下几项。

（1）呼吸设备为一个价值 14 亿新西兰元的市场，其未来 20 年的全球需求预计会以每年 3% 到 5% 的速度上升。

（2）几维的市场份额在过去的 4 年里从近 25％下降到 17.5％。几维的市场份额在以每年约 2％ 的速度缩小！

（3）几维的竞争对手的总部位于欧洲、日本和北美，虽然其过去的成本超过了几维，但是其中的五大竞争者中有 4 个已经把生产基地转移到低成本的中国、越南和印度尼西亚了。其结果是，相对几维，这些竞争对手的呼吸装置能够拥有降低 10％ 到 15％ 的价格优势。

（4）一些国家已经出现了成本低、技术不复杂的新竞争对手，其在创新方面可能难以与几维相比，但也对几维更为成熟的产品造成了一定冲击。值得注意的是，这些竞争对手挑战了几维。有些客户已经开始问这样的问题："一些应用所使用的顶尖技术到底值多少钱？"

（5）新西兰的实际工资比大多数欧洲和北美国家上涨得更快。集体谈判单位（工会）在几维的前母公司获得了立足之地。

（6）几维呼吸器大概以 5 箱一批空运给新西兰以外的客户，售价为出厂价。产品可以在 5 到 7 天交付给 80％ 的全球客户，但是客户对这个速度并不满足，现在许多客户都从离其更近的几维的竞争对手那里订购同类产品了。

（7）从新西兰出发的飞机的空运能力正在下降。比起北美或欧洲，新西兰的运输成本上升得更快。（2007 年油价飙升期间的运费是一个预兆吗？）

如今的市场环境比米歇尔在几维的这 9 年的任何时候都更加动荡。在深入解了由市场研究得到的事实后，几维的管理层认为，在未来 5 年内，每年至少需要降低 3％ 的运营成本，还要缩短产品的交付时间。他们的目标就是扭转几维的市场份额现状，每年把营业利润提高 5％ 到 8％。离岸外包似乎是唯一可能的应对措施。米歇尔和她的团队开始对离岸外包进行探索之前，确定了 3 个需要回答的独立但相关的问题。

（1）在哪里设立海外制造基地？

（2）几维愿意对海外运营投入多少资金，承担多少风险？

（3）几维如何为海外运营提供物流支持？

赛道的选择

米歇尔和她的团队已经被冠以"离岸外包"团队的称号，他们认为应该随行业主流，去亚洲选择合适的离岸外包的位置。然而，由于几维的全球销售平台和客户对响应交付的需求，团队决定将斯洛伐克、波兰和墨西哥加入初始名单之中。团队在开会讨论方案时开始确定选择标准。团队从初始名单上的 30 多条标准中选出了 10 条和几维密切相关的标准。

（1）人力成本。

（2）劳动技能和经验。

（3）运输费用。

（4）往返工厂的运输时间。

（5）原材料进口及成品出口税率。

（6）政治稳定情况。

（7）当地税费。

（8）工会、罢工风险。

（9）许可证和工厂的生产准备成本。

（10）管理安置费用、生活方式和安全性。

　　根据离岸外包团队定的关键标准，一些候选国家就跌出了候选名单，最后名单上只剩下了 4 个候选国：中国、印度尼西亚、墨西哥和斯洛伐克。为了更好地做出最终决定，团队给每个国家编制了一个情况说明书，如表 8-2 所示。

表 8-2　国家概况

标准	中国	印度尼西亚	墨西哥	斯洛伐克
每小时报酬	1.14 新西兰元	1.07 新西兰元	5.51 新西兰元	11.79 新西兰元
劳动技能	好	可接受	很好	很好
运输费用				
从新西兰到：	低	低	中等	高
亚洲	低	低	低	高
欧洲	高	高	中等	低
美国	中等	高	低	中等
运输时间				
从新西兰到：	很好	非常好	好	好
亚洲	非常好	非常好	好	好
欧洲	可接受	可接受	好	非常好
美国	可接受	可接受	非常好	好
税率				
从新西兰到：	低，可变	低，可变	免费 / 再出口	低，可变
亚洲	免税	免税	3% ~ 4%	3% ~ 4%
欧洲	免费 /19.6% 增值税	免费 /19.6% 增值税	免费 /19.6% 增值税	免费 /19.6% 增值税
美国	免税	免税	免税	免税
全球竞争力	4.74	4.26	4.19	4.31
税（公司）	25%/17%	25%/10%	28%/16%	19%/19%
罢工风险	低	中等	中等	中等

续表

标准	中国	印度尼西亚	墨西哥	斯洛伐克
工厂设立				
许可证 （便利／成本因素）	中等／高	简单／一般	简单／一般	中等／高
地价	42/新西兰元／ 平方米	42/新西兰元／ 平方米	40/新西兰元／ 平方米	54/新西兰元／ 平方米
建筑成本	279/新西兰 元／平方米	317/新西兰 元／平方米	247/新西兰 元／平方米	396/新西兰元／ 平方米
管理方式	可接受	困难	合适	合适

即使使用了有条不紊的做法，团队成员的意见仍不统一。有些成员认为，让竞争对手在中国畅通无阻地经营是很不合适的，他们不想让对手在开发中国市场的时候抢占先机。其他成员则指出，几维的强大在于创新，他们觉得开拓欧洲和美国的发达市场是关键。米歇尔认为两种看法都对，她希望能够进行进一步的分析使团队成员意见统一。

一旦选择了某个国家，之后的关键就是选择合适的城市，在中国和墨西哥选择合适的城市是极具挑战性的，这两个国家的选择范围大，影响因素多。团队意识到，这两个国家最重要的是沿海或边境投资区和内陆城市之间的区别。像中国的广东省和墨西哥的边境城市蒂华纳和华雷斯，其投资中心简化了安装和物流过程。而像重庆和萨尔蒂约这样的内陆城市工资水平相对较低，员工队伍更加丰富和稳定，税收优惠政策也更好。

风险的衡量

刚开始分析的时候米歇尔就意识到，无论是她还是团队其他成员都没有全球制造经验。即便如此，米歇尔很清楚，新西兰的商业模式不可能很容易地就转移到其他任何一个国家。她意识到，无论选哪个国家，该国的政策环境和两国之间的文化差异才是真正的挑战，这增加了几维和米歇尔失败的风险。难怪她在过去3个月花了这么多时间跑步！

幸运的是，由于团队尽职地进行了调查，他们发现了能够降低几维受到全球运营不确定性的影响的方法。最重要的是，他们意识到，走向全球化并不意味着要将筹码全押，有3个方法能扩大公司产能和提高竞争力：分包、利用税收庇护和建立全资子公司。

分包提供简单、快捷的开始方式（通常只需30天）。分包需要找到原始设备（Original Equipment Manufacturer，OEM）电子产品制造商，并且这些制造商能够按要求进行生产，这样几维就可以尽量减少投资。即使几维必须提供专门设备，规划所需部件的交付，却不用承担实体责任。分包商将负责管理制造及提供物流支持，这正是困扰几维的两个方面。但是几维会失去对生产过程和产品可靠性的把控，此外，预计分包的单位成本将更高。

利用税收庇护需要比分包花更多的时间（约60～90天），但与全资子公司相比，其初始投资更低，与生产准备相关的学习难度也没那么大。一家庇护服务提供商将管理影响业务正常运行的阻碍因素。也就是说，几维可以在不考虑行政和法律方面问题的情况下就对生产过程和产品进行控制。几维团队和庇护服务提供商见面以后，注意到这种方式的五大优势。

（1）提供会计和税务服务，以及协助获取牌照和许可证。

（2）帮助处理东道国的法律和税务事务。

（3）雇佣工人，提供包括工资发放和绩效监控的人力资源服务。

（4）负责采购原材料和管理第三方仓储。

（5）协助清关和进行税率分析。

全资子公司能给几维最大限度的控制权，其运营成本往往是最低的，但全资子公司知识密集并且有一定风险。如果几维选择这一选项，离岸外包团队必须找个地点，管理设施建设过程，并对所有庇护服务提供商进行管理。还必须要了解在当地做生意的细节问题，建立、发展当地的政治和商业关系。对希望长期合作、想建立大规模的业务以及需要高水平的技术或新产品支持的公司而言，所有权是首选项。这种方式的关键是能够取得长期成功，来回报前期的资本投入和情感投资。

竞赛支持团队的选择

在团队开始细化选择标准的时候，米歇尔意识到，离岸外包不仅仅需要选择一个好的制造基地。有的标准考虑了交通运输，强调要有支持海外经营的物流基础设施。好消息是几维有很多的出口经验，至少在这里，团队不会是摸黑做事。但是，为全球制造提供支持的复杂度是几维从来没有遇到过的。

因为时间紧急，团队也缺乏直接经验，他们决定把物流服务外包给第三方物流提供商。做出这种决策是基于几维的历史经验，几维的高层强调，几维是一个研发制造公司而不是一个物流服务提供商。

为了对外包做有效准备，团队绘制了一个基本的流程。从流程可以看出，公司需要寻找一家第三方物流提供商，来提供3种不同的物流服务：

资本设备的内向物流；原材料和零部件的内向物流；交付给世界各地客户的外向物流。团队在进一步分析这个流程的时候发现，几维应该评估第三方物流提供商的建立和管理交叉转运入库的能力。毕竟，无论选择哪个国家，几维的主要供应商在地理上是分散的，其运送到进口港的产品的数量少于集装箱的装载量。为了节约成本，需要在进口港将这些货物集中到一起，然后再把它们一车车地发到下一个工厂。

团队以这个分析为基础，起草了如下信息征询书。

（1）从10家国际供应商那里把原材料运输到4个候选国家的价格、运输容量和提前期。

（2）从5家欧洲供应商那里把资产设备运输到候选国家的价格和时间。

（3）在交叉转运仓库对入境货物进行统一存放的价格。

（4）从进口港把货物运输到实际制造地点的价格、运输容量和交货周期。

（5）从工厂把货物运输到机场出口的价格、产能和交货周期。

（6）通过卡车或飞机把成品交付给不同地理位置的国际客户的价格、运输容量和交货周期。

（7）把货物送到工厂入库要准备的所有手续（报关、资产设备和原材料的检验证明）的价格。

（8）准备出口成品货物的出入口所需文件（如国际货运单据）的价格。

团队提前几天把信息征询书发送了出去。几维选择了敦豪速递公司、联邦快递和联合包裹服务公司这三大物流集成商作为提供主要支持服务的团队，因为这三大物流集成商能够为几维的全球需求提供一站式服务。尽管 20 年以来，敦豪速递公司是几维公司选择的进出口货物运输服务的全球唯一一家第三方物流服务提供商，但几维觉得是时候来验证该公司是否仍然能够以较低的价格提供较好的服务了。

为各个公司制定的信息征询书被送往每个国家当地的货运代理公司，以评估其提供地面运输、交叉转运、报关和文件服务的水平。几维想要确保建立稳定的合作伙伴关系，而与"当地通"合作或许是最好的选择。

是时候放松一会儿了。

米歇尔选择跑步来释放一天的工作压力。她突然意识到，在得到信息征询书的详细答复之前他们只能等待，而其余部分的工作已经完成了。团队所取得的进度比她想象的更快，生活还是很不错的。

但米歇尔也知道，这只是暴风雨前的平静，一旦获得了信息征询书的详细答复，他们就需要决策并且执行了。只有那时他们才能搞清楚，几维的成熟产品是否被正确地外包出去了，货运和制造成本是否降低了，交付周期是否缩短了，几维的地域影响力是否扩大了。如果他们的工作做得好，几维在新西兰的工厂将拥有更强的能力来设计和制造技术含量更高的新产品，这是几维的命脉和未来。

讨论题

（1）米歇尔和她的团队应该如何从 4 个候选国家中选择？还是继续以原来的新西兰为中心的生产模式？提示：为了更好地进行选择，可以使用加权因子模型。

（2）基于几维面对的竞争和其战略目标，你建议选哪一个海岸或者内陆城市作为生产基地？你是根据哪些因素做出选择的？

（3）你赞同哪种模式，是分包、利用税收庇护，还是建立全资子公司？你又是根据哪些因素做出这个决定的？

（4）你认为几维是否应该邀请新公司来对外包相关的物流支持业务进行竞标？

（5）你可以进行角色扮演，把自己想象成离岸外包团队的新成员。使用表 8-2 中的信息，利用电子表格建立一个加权因子模型，以更好地选择国家。根据本案例的描述，来为每个标准建立适当的权重。进行灵敏度分析，并做好分享新发现的准备。除了为几维选择恰当的新制造工厂所在国家和地区之外，也需要回答首席执行官蒂莫西·克雷格感兴趣的问题之————你的解决方案的鲁棒性如何？

第三部分

供应链中的风险和不确定性

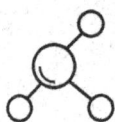

本部分包括 2 个案例。

创新分销公司的案例关注的是供应链管理中能够辅助决策过程的数据。这个决策旨在获得较低的总拥有成本，需要明确考虑供应链存在的风险。

人道主义组织的物流的案例关注的是对全世界来说都日益重要的救灾物资物流及相关风险和不确定性。随着自然灾害、粮食短缺和日益增长的失业人口等问题在全世界扩散得越来越快，人们越来越关注人道主义组织面临的物流挑战。

这 2 个案例的关键都是处理风险和不确定性，但每个案例侧重于风险和不确定性的不同方面，每个方面对管理者来说都具有挑战性。

09

通过总拥有成本来理解供应链风险：创新分销公司

泰德·法里斯博士，北得克萨斯大学

西拉·马努博士，北得克萨斯大学

案例背景

本案例使用了总拥有成本概念来分析两种供应链。学习者必须计算经济订货量和安全库存量，结合购买价格、运输成本和库存持有成本来量化两种供应链之间的差异。

由于该案例涉及美国国内和国际两方面，以下内容可以自由讨论。

（1）推动外包的劳动力价格差异。

（2）汇率的使用。

（3）对比国际商业条款与船上交货条款。

（4）了解中国内陆的经济发展及其不断发展的基础设施。

（5）在途运输成本和现场库存持有成本。

（6）经济订货量。

（7）安全库存。

（8）总拥有成本。

本案例关注供应链管理中多种可量化的、能够帮助进行相关决策以最小化总拥有成本的活动。本案例能够为高级课程的中高级学习者总结供应链管理过程中涉及的许多需要权衡的因素，并且初级国际物流课程的学习者也可以从本案例中获益。

供应链中的风险

"啊！"创新分销公司的总裁詹姆斯·赫斯克特发出了一声惊呼，"海盗又发动了袭击。好像每次我们调转方向，就会在公海遇到海盗。"

"很遗憾，这并不是什么新鲜事，"供应链优化副总监约翰·哈扎德回答道，"海盗都已经猖狂几百年了，你知道海盗事件的数量在急剧增加吗？2005年，全球有276[1]起海盗事件，到2009年就增加到406起[1]。"

"哇！那有些人真是要花大钱了，谁会为此买单呢？"赫斯克特问道。

"我在MSN[2]上看到过相关内容，"哈扎德回答，"船的保险费用上涨了。截至2009年，保险费增长了10倍。有的公司花更多时间培训员工，有的公司则避免在非洲南部进行长途航行——每次航行长达2,700英里，每年为公司增加了350万美元的燃油费用。而且，由于这些船每年只能往返5次而不是6次，运载能力下降了26%。谁为此买单？客户！"

"天啊，我从来没考虑过这些成本，供应链确实会受到影响。还好我们没有在索马里任何地方运送货物。"赫斯克特说道。

"但风险无处不在，"哈扎德说，"世界各地都有海盗活动。并且，供应链中还存在许多其他需要降低的风险。我们选择了单价较低的外包，但是还需要考虑供应链的总拥有成本。更长的运输时间、波动的汇率、不确定的交付日期、打乱计划的天气、多语言要求、环境动荡、独特的

---

1 迈克尔·麦克丹尼尔于2000年11月20日在芝加哥港的美国螺旋桨俱乐部发表了主题为"现代公海海盗"的演讲，并于2005年11月更新了演讲内容。

关税政策等，这些都增加了公司在国际上开展业务的成本。我不确定我们是否真的了解供应链的成本。"

"你说的很对，我们应该研究公司下一个新产品——Schachtel Schmuggel Bannware 的订购成本，以及整个供应链的成本，"赫斯克特思索着回答，"看看你可以收集到多少数据，我们将综合分析这些数据。"

几天后，哈扎德和赫斯克特见了一面，对收集到的所有关于新产品的信息进行讨论。

新产品的采购细节

"你发现了什么？"赫斯克特问道。

"公司的新产品只有两个可能的供应源。我们购买或持有的产品不能太少，预计年需求量（按 365 天来算）为 21,500 个产品单位，日销售量偏差为 11 个产品单位。我们的目标是为客户维持 97.7% 的库存率，"哈扎德回答道，"不管是哪家供应商，所有产品都将使用铁路运输，利用 20 英尺标准的箱子运往公司在沃思堡的配送中心，再送到客户手上。一个 20 英尺标准的箱子可容纳 600 个新产品，由于本产品的特性，其不能和其他产品混装。公司整个供应链的库存持有成本相对于总成本的占比为 32.2%。"

哈扎德和赫斯克特发现，与美国国内的供应商合作，每个订单的成本为 105 美元，由于国际贸易的复杂性，与国际供应商合作，每个订单的成本为 182 美元。

国内供应商的详细情况

可以选择的供应商之一是位于内布拉斯加州瓦荷市的 CousinsAg 公司。

根据美国劳工部发布的一个报告，截至 2002 年，内布拉斯加州的 8.8 万名工薪工作者都是工会成员。CousinsAg 公司是一家工会零售商，瓦荷地区的工人的平均薪水为每小时 25.3 美元。收到创新分销公司的报价请求以后，CousinsAg 公司返回的报价为每个产品单位 85 美元。

如图 9-1 所示，创新分销公司向 CousinsAg 公司下单以后，CousinsAg 公司需要 10 天时间来处理订单，另外需要 5 天时间来将创新分销公司采用 FOB 原产地定价的、预付费用的产品运送到沃思堡的配送中心。从 CousinsAg 公司到沃思堡，铁路运输成本为 1,850 美元。由于从内布拉斯加州出发的铁路运输都类似，哈扎德假设，从瓦荷市出发的运输时间的标准偏差为 1.14 天。

图 9-1 美国国内的供应链

全球供应商的详细情况

另外一个可选的供应商就是四川成都的东海公司。在过去的 10 年中，中国积极建设和发展沿海以及内陆的交通和物流基础设施。如图 9-2 所示，中国正在积极推进成都等地区的贸易发展。四川省推动出口制造业的发展，按汇率为 1 元人民币 ≈ 0.146,46 美元 [1]，其平均劳动力价格是每小时 10.36 元。东海公司给创意分销公司的报价为每个产品单位 547 元人民币。

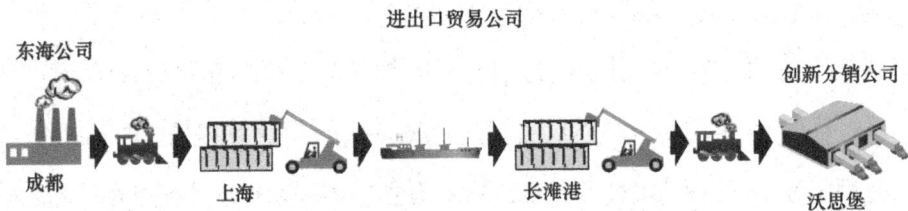

图 9-2　国际供应链

创意分销公司的国际供应链组成如图 9-2 所示。东海公司收到创意分销公司的订单后，将需要 15 天时间来处理订单，并将产品装入 20 英尺标准集装箱，采用工厂交货的方式交货。东海公司通过进出口贸易公司（Interface Exporting Company，IEC）将集装箱运送到美国洛杉矶的长滩港。成都距离上海 1,952 千米，作为基础设施建设项目的一部分，上海—成都铁路已建成，使用铁路运输的话，进出口贸易公司可以在一天内将集装箱从成都运到上海。货物将在上海港停留 4 天，然后被装上船，横渡太平洋，再过 16 天到达长滩港，进出口贸易公司花 3 天办理清关手续，然后把货物卸到长滩码头旁的铁路支线。

进出口贸易公司的报价为每个 20 英尺标准集装箱 12,414.5 元人民币。美国长滩海关收取的进口关税为每个 20 英尺标准集装箱 325 美元，进出

1　截至 2010 年 2 月 8 日的汇率。

口贸易公司每月单独向创新分销公司收取这笔费用。在货物通过海关，在长滩港装上火车以后，进出口贸易公司另外需要 4 天时间来将创新分销公司采用 FOB 原产地定价的预付费用的产品运送到沃思堡的配送中心。从长滩港到沃思堡的铁路运输成本是 2,250 美元。由于从内布拉斯加州出发的铁路运输都类似，哈扎德假设，从瓦荷市出发的运输时间标准偏差为 3.45 天。

针对这些信息，赫斯克特询问了哈扎德以下几个问题。

讨论题

（1）用当前汇率计算，每单需要支付给东海公司多少美元作为初始采购费用（不包括运输费用）？

（2）从中国成都的东海公司，到创意分销公司的沃思堡配送中心，完成一个使用 20 英尺标准集装箱运送货物的订单的平均时间是多少？从内布拉斯加州瓦荷市的 CousinsAg 公司，到创意分销公司的沃思堡配送中心，完成的平均时间又是多少？

（3）从中国成都的东海公司向创意分销公司的沃思堡配送中心运送一个 20 英尺标准集装箱，按照目前的汇率，成本是多少美元？

（4）如果我们在 CousinsAg 公司采购所有所需产品，那么经济订货量（仅使用单价，不包括运输成本）是多少？如果在东海公司采购所有所需产品，经济订货量又是多少？

（5）在东海公司采购所有所需产品时，安全库存量应该是多少？全在 CousinsAg 公司购买又是多少？

（6）库存成本是根据产品入库时的价值而定的。如果我们从东海公司购买所有所需产品，每单位产品在途运输成本是多少（以美元和美分表示）？全在 CousinsAg 公司购买又是多少？

（7）如果全在东海公司购买，沃思堡配送中心的平均库存水平（以产品单位表示）会是多少（需要同时考虑安全库存和周转库存）？全在 CousinsAg 公司购买又是多少？

（8）库存持有成本是根据产品入库时的价值而定的。当产品到达创意分销公司的沃思堡配送中心时，其价值是购买价加上从供应商到配送中心的所有运输成本加上在途的持有成本。如果所需产品全从东海公司购买，沃思堡配送中心的安全库存和循环库存的年度库存总持有成本是多少美元？全在 CousinsAg 公司购买又是多少？

（9）让我们考虑所有的这些问题来确定总拥有成本。我们已经确定了单价、在途运输成本、运输成本和创意分销公司沃思堡配送中心的库存持有成本。如果把每年的订购成本也考虑进去，从东海公司购买所有所需产品，单位总拥有成本是多少美元？全在 CousinsAg 公司购买又是多少？

（10）把所有的风险成本计算在内之后，选择哪家供应商总成本最低？

（11）为了更好地对两家供应商（CousinsAg 公司和东海公司）进行评估，还必须考虑其他风险因素。找出另外两个应考虑的风险，并提供评估风险的两个实际定量。

（12）提出能够降低到岸总成本的供应链流程的改进建议。

参考文献

[1] International Chamber of Commerce International Maritime Bureau (IMB) Piracy and Armed Robbery Against Ships Annual Report January 1 - December 31, 2009, p. 6.

[2] Associated Press, "Pirate Attacks Drive Up the Cost of Shipping: Companies Face Higher Insurance Rates or Taking Longer, Expensive Routes," MSNBC April 12, 2009.

10

特殊的供应链风险和不确定性：
人道主义组织的物流

大卫·韦伦加，

缅因州海事和 LCC 国际大学

案例背景

世界儿童联盟（The Alliance for Children Everywhere，ACE）是一个公益组织，为美国、中美洲和非洲（赞比亚）的儿童提供帮助。世界儿童联盟的主要工作是援救婴幼儿，通过提供适当的营养品和护理使其恢复健康，并将这些婴幼儿送回给其直系亲属或家族，或将他们安置到有爱心的领养家庭。

世界儿童联盟通过赞比亚基督教儿童联盟（Christian Alliance for Children in Zambia，CACZ）为婴儿（包括早产儿）、幼儿（小于等于 24 个月）以及被父母或家庭虐待或遗弃的大龄儿童提供了极高水平的护理。赞比亚基督教儿童联盟为当地居民和政府官员所熟知，在赞比亚的声誉良好。卢萨卡摩西之家（安置儿童的地方）的员工在慈善行动中非常努力和敬业，许多员工在上下班的路上花费的时间很长，通常是 1～2 小时。他们的工资即使按赞比亚的标准也相对较低。由于这是一个几乎没有得到赞比亚政府援助的私人组织，资金来源一直是一个问题。赞比亚基督教儿童联盟几乎完全依靠个人、基金会和志愿者团队的捐款。

2006 年年初，一个叫作"援助之手"（Giving Hands）的德国慈善团体，以非常低的价格从瑞士制造商那里购买了大量婴幼儿配方食品和谷类食品，这次交易由瑞士和德国慈善团体提供资金促成。援助之手组织联系了摩西之家，以确定其对婴幼儿配方食品和谷类食品的需求。由于之前与另一个慈善组织合作时，该组织挪用了资金，所以这次援助之手在初步谈判中非常谨慎。经过一番讨论，这两个组织的目标和需求"完美契合"。

结果就是，有两个装满了婴幼儿配方食品和谷类食品的集装箱将从瑞士巴塞尔运到摩西之家。赞比亚基督教儿童联盟随后意识到，需要一些帮助和专业知识才能管理该物流项目，而全职员工几乎都没有物流经验。他们需要找寻可以负责这一物流项目挑战的志愿者。不久，该联盟就找到了具有物流和供应链管理经验的志愿者。

货物运输路线的选择

物流流程的第一步就是选择从瑞士巴塞尔到赞比亚卢萨卡的路线和运输方式。

有几个可选项。例如，英国航空公司（British Airways）有从希思罗机场到卢萨卡国际机场的直航，货物就可以从巴塞尔（或苏黎世）到希思罗机场再到卢萨卡国际机场。其他选项包括使用不同的欧洲航空公司，如荷兰皇家航空公司（Royal Dutch Airlines）、汉莎航空公司（Lufthansa German Airlines）、瑞士国际航空公司（Swiss International Airine）或南非航空公司。然而，这些都需要经过约翰内斯堡的奥利弗·坦博国际机场。

还可以选择使用航空公司的飞机或自己的飞机做飞行安排的国际货运代理（International Freight Forwarder，IFF）。UPS国际快递、联邦快递、敦豪速递、泛亚班拿物流和辛克国际物流等公司都是可选的国际货运代理商。最后，还可以选择包机，但一个关键问题是，包机通常相对于海路或陆路运输来说非常昂贵。

其他的路线选择包括水路加陆路运输。由于巴塞尔位于莱茵河畔，集装箱可以通过驳船运往欧盟的主要集装箱港口，如鹿特丹或安特卫普，或者可以通过铁路或卡车将货物运至鹿特丹或安特卫普。一旦集装箱到达出口港，就必须选择海运的路线和承运人。可选项有太多了！

但是在做出决定之前，必须还要考虑运输以外的其他因素，包括经济和政治因素、自然风险以及中转国局势，在通过多个国家和水道运送货物时，必须要避开那些局势高度不稳定的地区。另一个问题是，港口附近的水域可能会有海盗出没。

可供选择的路线包括从安特卫普或鹿特丹港运到南非安哥拉或西非开普敦的港口，然后再通过卡车把货物运到卢萨卡。其他路线包括经由苏伊士运河到达东非的港口城市，如肯尼亚的蒙巴萨、坦桑尼亚的达累斯萨拉姆或南非的德班，然后再通过卡车把货物运到卢萨卡。（提示：可以通过《商业日报》（*Journal of Commerce*）来获取海洋航行路线信息。）

选定的路线是首先通过驳船将货物从巴塞尔运到安特卫普，然后使用荷兰航空公司的西欧集装箱班轮（West European Container，WEC），将货物从安特卫普途经地中海和苏伊士运河，运到达累斯萨拉姆。最后用卡车将集装箱由达累斯萨拉姆运往卢萨卡。这被认为是一条最佳路线，因为在这些城市之间有一条相当好的公路，赞比亚和坦桑尼亚在跨境运输和贸易方面有着良好的合作关系。赞比亚是一个内陆国，它依靠其他国家的港口进出口货物。

货物运输细节

制造商将婴幼儿配方食品和谷类食品装在巴塞尔的两个 40 英尺标准集装箱中。货物使用了收缩膜包装并被托盘化，此外，货物还按照类别（如 4 个月以下的婴幼儿配方奶粉、苹果或谷类食品等）和有效期（即必须在该日期之前使用）分了类。集装箱被锁好并密封之后，用卡车运到驳船上，再运往安特卫普。

1 号集装箱装了 4 种类型的 Adapta 产品（婴幼儿配方食品）和 5 种有效期不同的产品，一共有 67 个托盘，货物包括 12,853 盒婴幼儿食品，总质量为 11,413 千克。每包婴幼儿食品都用铝箔包装，以减小温度变化和水分的影响。Adapta 产品的最外层是纸箱，纸箱内又有 3 个较小的盒子，每个盒子内有两个小包，一共有 4,284 个纸箱。

2 号集装箱装了一种 Adapta 配方食品，两种 Galactina Humama 产品，以及 6 种谷类食品。这 6 种谷类食品有 11 种不同的有效期，放置在 69 个托盘上。货物共包括 17,440 盒配方食品和谷类食品，总重量为 10,263 千克。由于谷类食品的密度低于配方食品，2 号集装箱的空间利用率比 1 号集装箱高得多。Galactina Humana 产品的包装方式与 1 号集装箱中的 Adapta 产品非常相似（即一个盒子放两包产品，再把 3 个盒子装在一个纸箱里）。谷类食品用 250 ~ 350 克的铝箔包成一包，每个纸箱中放 6 包。配方食品一共 2,994 箱，谷类食品为 1,410

箱，总计 4,404 箱。

集装箱于 2006 年 3 月底被装上驳船离开巴塞尔，然后被运到安特卫普，再于 2006 年 4 月 7 日被装到荷兰船只 MSC Loretta 上运往达累斯萨拉姆。预计到达时间为 2006 年 5 月 7 日，全程共 30 天。这些集装箱经过港口和海关，装上卡车，最后运往卢萨卡。货物于 2006 年 5 月 29 日抵达卢萨卡，并在关税区被扣押。

如前所述，运输总成本由德国的慈善组织承担。此外，该慈善组织还提供了一笔津贴，以支付到达卢萨卡当地所需费用，如海关费用、当地运货马车运送费用、聘请临时工来装卸集装箱和卡车的费用、摩西之家卡车的燃料费用以及搬运集装箱的叉车租金。

由于负责处理最后一批货物的志愿者要到 2006 年 6 月 20 日才能抵达卢萨卡，因此捐赠物品的接收者并不急着让货物过海关。

运输相关文件

国际运输，特别是易腐食品的国际运输，需要大量的文件。此外，在运输捐赠物品时，还需要采取其他减少或消除海关费用的手段，并尽可能地减少这些物品在地下市场进行转售的可能。以下是本案例所使用的关键文书或表格的简要说明。

（1）装运提单（Bills of Lading，B/L）。可能是多式联运（驳船、轮船和卡车）的全部货物的提货单，或者每种模式或承运人单独的提货单。还需要在途中跟踪和追踪货物（见图 10-1）。

（2）装运通知单（Advice or Notices）。向承运人提供有关装运的详细信息（如交货日期、重量和包装）（见图 10-2）。

（3）捐赠证书（Certificate of Donation）。用于证明货物是实际赠予受赠人的，特别用于救济或人道主义物品（见图 10-3）。

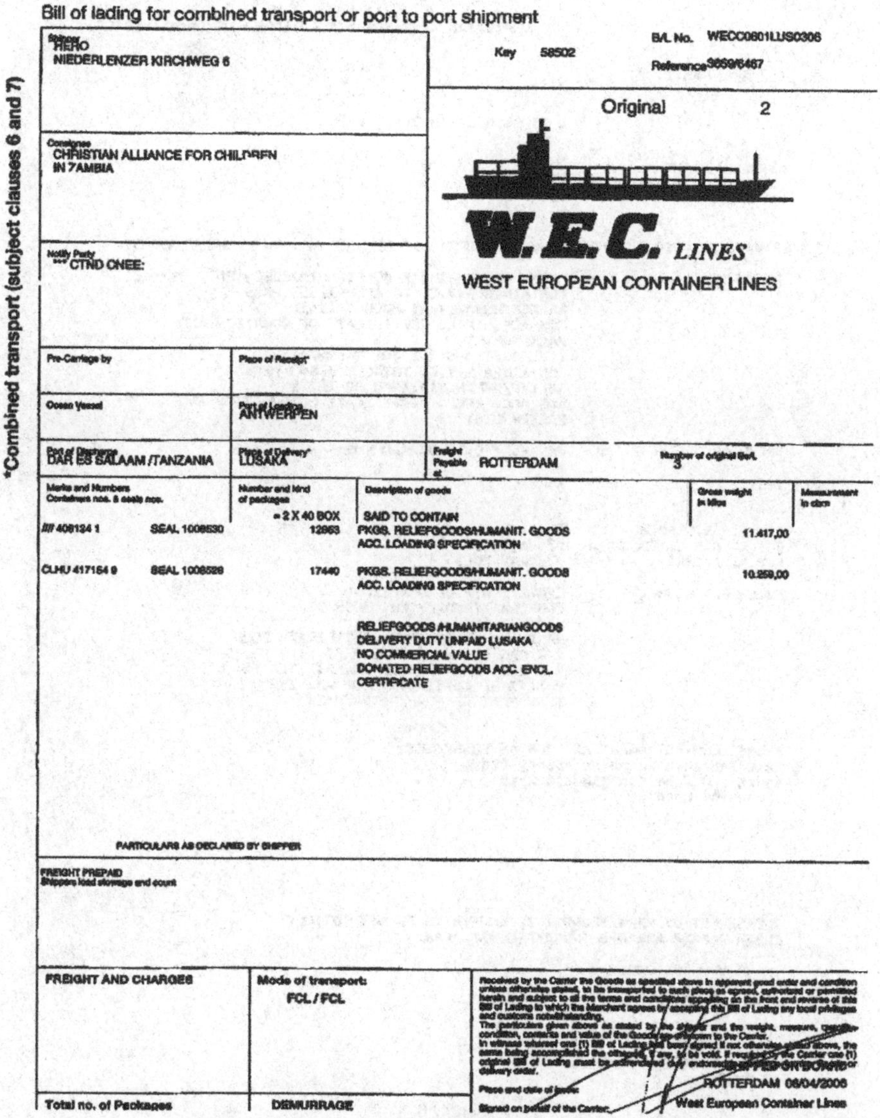

Bill of lading for combined transport or port to port shipment

*Combined transport (subject clauses 6 and 7)

Shipper
HERO
NIEDERLENZER KIRCHWEG 6

Key 58502
B/L No. WECC0601LUS0306
Reference 3659/6467

Original 2

Consignee
CHRISTIAN ALLIANCE FOR CHILDREN
IN ZAMBIA

W.E.C. LINES
WEST EUROPEAN CONTAINER LINES

Notify Party
*** CTND ONEE:

Pre-Carriage by
Place of Receipt*

Ocean Vessel
Port of Loading
ANTWERPEN

Port of Discharge
DAR ES SALAAM /TANZANIA
Place of Delivery*
LUSAKA
Freight Payable at ROTTERDAM
Number of original B/L
3

Marks and Numbers Containers nos. & seals nos.		Number and kind of packages	Description of goods	Gross weight in kilos	Measurement in cbm
		= 2 X 40 BOX	SAID TO CONTAIN		
/// 406124 1	SEAL 1006530	12863	PKGS. RELIEFGOODS/HUMANIT. GOODS ACC. LOADING SPECIFICATION	11.417,00	
CLHU 417164 9	SEAL 1006526	17440	PKGS. RELIEFGOODS/HUMANIT. GOODS ACC. LOADING SPECIFICATION	10.259,00	

RELIEFGOODS /HUMANITARIANGOODS
DELIVERY DUTY UNPAID LUSAKA
NO COMMERCIAL VALUE
DONATED RELIEFGOODS ACC. ENCL.
CERTIFICATE

PARTICULARS AS DECLARED BY SHIPPER

FREIGHT PREPAID
Shippers load stowage and count

FREIGHT AND CHARGES

Mode of transport:
FCL / FCL

Received by the Carrier the Goods as specified above in apparent good order and condition unless otherwise stated, to be transported to such place as agreed, authorized or permitted herein and subject to all the terms and conditions appearing on the front and reverse of this Bill of Lading to which the Merchant agrees by accepting this Bill of Lading any local privileges and customs notwithstanding.
The particulars given above as stated by the shipper and the weight, measure, quantity, condition, contents and value of the Goods are unknown to the Carrier.
In witness whereof one (1) Bill of Lading has been signed if not otherwise stated above, the same being accomplished the other(s), if any, to be void. If required by the Carrier one (1) original Bill of Lading must be surrendered duly endorsed in exchange for the Goods or delivery order.

Place and date of issue: ROTTERDAM 06/04/2006

Signed on behalf of the Carrier: West European Container Lines

Total no. of Packages

DEMURRAGE

Appendix A

图 10-1 提货单

M I S S I O N
&
R E L I E F
TRANSPORT

CHRISTIAN ALLIANCE FOR CHILDREN IN ZAMBIA (CACZ)

12 APR 2006

S H I P P I N G   A D V I C E

ON BE HALF HERO
        NIEDERLENZER KIRCHWEG 6

WE HAVE SHIPPED THE FOLLOWING SHIPMENT TO THE PORT OF DAR ES SALAM/TANZANIA

SHIPMENT   - XXXX 408124-1 1 X 40 FT SHIPPERSOWNED
                          CONTAINER S.T.C. TOTALLY 12853 PKGS.
                          RELIEF/HUMANITARIANGOODS 11417
                          KOS ACC. ENCL. CERTIFICATE OF DONATION AND
                          PACKINGLIST.
                          CLHU-417154-9 1 X 40 FT LINEROWNED
                          CONTAINER S.T.C. TOTALLY 17440 PKGS.
                          RELIEF/HUMANITARIANGOODS 10259
                          KOS ACC. ENCL. CERTIFICATE OF DONATION AND
                          PACKINGLIST.

TERMS OF DELIVERY   - DELIVERY DUTY UNPAID LUSAKA

VESSEL   - MV MSC

E.T.S. ANTWERPEN   - 7 APR 2006
E.T.A. DAR ES SALAM   - 7 MAY 2006
E.T.A. LUSAKA   - 22 MAY 2006

ENCLOSED DOCUMENTS   - CERTIFICATE OF DONATION
                          PROFORMA INVOICE NR. 3659
                          PACKINGLIST
                          SANITARY INSPECTION CERTIFICATE FOOD
                          2/3 ORG BL AND 2 NN COPIES
                          2 X ORIGINAL VETERINAIRCERTIFICATES
                          2 SETS OF CERTIFICATE OF ANALISE
                          AMENDMENT OF HERO/VETERINAIR

PLEASE CONTACT AGENT AS SOON AS POSSIBLE:
Name Tanzania Shipping Agency Ltd.
Address Off Nelson Mandela Road
  Kurasini Road

PLEASE LET US KNOW SOONEST IF SOMETHING IS NOT TOTALLY
CLEAR.PLEASE ARRANGE IMPORTLICENSE ASAP.

THANK YOU FOR ORDER

WITH WARMEST REGARDS,

JAN DEURLOO
MISSION & RELIEF TRANSPORT
ZEVENHUIZEN

Appendix B

图 10-2 装运通知单

Letter of Donation

Date: 4/17/09

To: Customs Officials of ZAMBIA and
    Whomever Else it May Concern

This letter is to certify that this shipment of DONATED RELIEF GOODS: dehydrated rice casseroles, donated shoes, and donated medical supplies is being sent through STOP HUNGER NOW as a free gift to the people of ZAMBIA. The consignee, who is responsible for handling the shipment, is:

Christian Alliance for Children in Zambia (CACZ)
c/o House of Moses

Lusaka, Zambia
Contact Alice

ORIGINAL

This shipment is to be administered by CHRISTIAN ALLIANCE FOR CHILDREN IN ZAMBIA and the relief agencies and mission groups working with the consignee. The contents of the shipment are to be used for HUMANITARIAN PURPOSES ONLY. The contents may be either distributed directly to the needy or used to manage and set up the logistical needs of its aid programs. The shipment is not to be sold, resold, or exchanged for profit or gain. Therefore, there is no commercial value to this shipment. The declaration of value, US $10,000, is for customs purposes only, and does not involve any currency of ZAMBIA. CHRISTIAN ALLIANCE FOR CHILDREN IN ZAMBIA is hereby given permission to administer this shipment in the manner that it finds to be the most beneficial to the poor an needy peoples served by its mission and aid programs. This includes the sharing and re-donation of the contents of the shipment to other relief and development agencies.

Accordingly, it is requested that those parties handling the receipt, clearance, and onward forwarding of this shipment process it expeditiously and in good faith, so that the relief and charity efforts in ZAMBIA can begin as soon as possible. Any changes to this statement needed to comply with the local rules and regulations may be made if in agreement with and attested by the signature of the consignee.

Sincerely,

DONATION DONACION
Not For Sale No Para Venda

Melissa Holmes
For STOP HUNGER NOW

Appendix C Illustration only: This document is not from the case shipment

图 10-3　捐赠证书

（4）装箱清单（Packing List）。提供有关装运的每个包裹的详细信息，在过海关时也会用到。

（5）食品卫生检验证书（Sanitary Inspection Certificate for Food）。通常原产国和目的地都需要。

（6）兽医证书（Veterinarian Certificate）。植物、动物和食品运输的卫生条件的合格证明。

（7）国际商业条款（International Commercial Terms）。用于明确买卖双方在国际交易中的责任。本案例中，使用的是卢萨卡的未完税交货条款（Delivered Duty Unpaid）。这意味着援助之手支付了到达卢萨卡海关地区的所有运输费用，摩西之家则负责支付海关费用。

货物送达机场卢萨卡

物流志愿者于 2006 年 6 月 21 日抵达卢萨卡。6 月 23 日，摩西之家的代表和一名物流志愿者去了海关经纪人的办公室，为从卢萨卡海关放行两个集装箱做最后的安排。摩西之家的代表之前就与海关官员在这方面合作过。最初，需要缴纳"加急费"才能放行。

利用海关经纪人可以使过海关的流程更加顺畅，但是需要支付必要的费用。海关处和海关经纪人处的花费总额为 4,151,000 克瓦查（约合 1,220 美元）。

摩西之家希望购买两个标准集装箱中的一个，用来在肯雅玛的一个设施中当作安全库存单元。一个二手集装箱的成本大约是 1,400 美元。因此，到达目的地时，2 号集装箱还是密封状态。摩西之家打算购买这个集装箱。

然而，1 号集装箱已经被打开了，货物被运到了仓库。这样做是为了避免因长时间存放集装箱（5月29日至6月23日）而产生额外费用。不幸的是，货物是非常随意地被转移的，一堆纸箱被扔在肮脏的地板上。另外，1号集装箱落满了灰尘，让人靠近时呼吸困难。更不幸的是，货盘都被打碎了，所有按不同类别和有效期划分的产品都混在了一起。1号集装箱所装货物也不受控制了。想要确定4,284个箱子是否都在仓库中，是否发生了盗窃或损失，是非常困难且耗时的。

从海关运往目的地摩西之家

物流的下一环节是将货物运送到摩西之家，行程约15千米。摩西之家有一辆沃尔沃卡车，用于运输这种货物。摩西之家的工作人员包括1名司机和3名助手。开始装货以后，他们很快就发现，他们需要更多的帮助才可以把纸箱从仓库转移出去，并及时装入卡车。摩西之家的卡车的侧板不够高，也没有防水油布可以覆盖货物，因此出现了更多问题。纸箱只能堆叠3层，这使卡车的使用效率非常低，而他们要搬运的纸箱有4,200多个。

之后他们雇佣了4名临时工来加快他们的装货和卸货过程。他们每天付给这些年轻人50,000克瓦查（约合15美元），并提供午餐。大多数人都渴望工作，但他们没有把产品按类别或有效期进行排序。

最后，1号集装箱里的所有纸箱都被运送到摩西之家。此时，需要按产品类别（4种产品）和5种有效期对所有纸盒进行重新分类。摩西之家的志愿者、员工和临时工一起完成了这一无比烦琐的任务。

出发地有物流协调员，摩西之家却没有，因此局面进一步失控。摩西之家使用的是带有门禁的安全围墙，可以确保货物的安全。

接下来的环节是为 2 号集装箱的货物和集装箱本身制定转移计划。工作人员试图汲取之前从 1 号集装箱中转移货物的经验。因为货物仍然在密封的集装箱中，2 号集装箱的处理本来应该更容易一些。最初，他们希望将 2 号集装箱从海关直接运到摩西之家。但是，由于没有可移动的起重机和大卡车来搬运装满货物的标准集装箱，这个方案不可能实现。当时所有的可移动的起重机都被租用了，而叉车又无法将托盘从集装箱运到卡车上。志愿者给卡车的司机和工作人员简要介绍了将货物从 2 号集装箱运送到摩西之家的最有效的方法，强调要保持托盘完整，不要将分好类的货物搞混了。

开始的时候非常顺利，首先交付的是装了 Adapta 配方食品的纸箱，并且这些产品的有效期都是一样的。后来交付的纸箱能够和之前交付的纸箱放在一起（有效期都为 2006 年 12 月 22 日）。但不久，事情又开始失控了。因为产品再次混在一起，几乎没有人注意产品的有效期。志愿者再次向司机等人介绍了把货物送往摩西之家的正确程序。物流协调员可以在出发地确保装载和取货过程是遵循程序的，不幸的是，物流协调员却不能同时出现在目的地。

时间过去得很快，很明显，他们无法在下午 5：00 之前完成 2 号集装箱货物的转移。下午 5：00 海关就要关闭了。如果下午 5：00 以后海关还有货物滞留，则需另加一天的仓储费。因此，摩西之家的司机被授予了租用另一辆卡车的权力。一个人示意让某辆卡车停下，当场和司机商讨租金，这在赞比亚并不罕见。这样做的总成本（包括燃料费）约为 500,000 克瓦查（约合 150 美元）。通常，还需要以每天 50,000 克瓦查（约合 15 美元）加午餐的待遇，再雇佣 4 名临时工。做完这些以后，2 号集装箱内的货物在一天结束前被送往摩西之家。

但是，摩西之家的工作人员、临时工和租赁卡车的工作人员再次产生了困惑。箱子是被"扔"到摩西之家进行暂存的，直到货物最终被分发出去。一些临时工跟不上节奏，许多纸箱倒在了地上，但食品包装得当，即使处理粗暴也不易损坏。4,000 多个纸箱必须一个接一个地被重新分类，这是一个非常耗时的任务，而先前帮忙重新分类的大多数志愿者都已经离开了。

第二天早上，摩西之家剩下的几个人在吃早餐时，一辆小型货车进入了车道。车里走出了十几名美国大学生，他们来卢萨卡参加一个全国会议，听说了摩西之家和其对婴幼儿的援救工作，他们想直接到现场了解更多有关在摩西之家的工作信息。他们表示当天没有其他计划，想知道摩西之家是否有他们可以帮助完成的项目。参观完托儿所以后，这些大学生准备帮助整理堆放在前院的纸箱。迅速了解了程序以后，他们开始和工作人员一起整理。最后，2 号集装箱的所有纸箱都被正确分类了，并与 1 号集装箱的纸箱放在了一起。项目的第一阶段已完成，货物已经从海关运到了摩西之家。

分配食物给其他援助组织

在此过程的早期，两个集装箱的婴幼儿配方食品和谷类食品对摩西之家来说明显太多了，必须找到其他同样需要婴幼儿食品的援助或救济机构。找到有良好声誉的组织很重要，因为过去捐赠的救济或人道主义物资在市场上被转售的现象并不少见。

基于摩西之家领导层的经验、其他组织的声誉，以及先前的工作关系，他们选择了 3 个组织。其中之一就是有名的救济组织世界宣明会（World Vision）。第二个是大学教学医院（University Teaching Hospital），这是赞比亚大学（University of Zambi）的附属医学院，对产妇和婴儿（包括早产儿）的护理需求很高。第三个是国际监狱团契（Prison Fellowship）。在赞比亚，女囚会将年幼的孩子带入监狱，怀孕的女囚则会在监狱中生下婴儿。但是，由于赞比亚监狱系统没有在其年度预算中为这些婴儿和儿童分配购买食物的资金，他们的母亲必须以某种方式为儿童获得食物。有些人的亲戚能将食物带到监狱，但另外一些人没有这种选择。

摩西之家还为与其有长期合作关系的一些地方团体和部委提供了一些产品：赞比亚与摩西之家在收养安置方面紧密合作的社会福利部门（100 箱）、行动国际部（30 箱）、当地的麻风病家庭（50 箱）。

世界宣明会的代表开着自己的卡车来到摩西之家，提走了分配给他们的 3 种配方食品（约 1,500 箱），送到世界宣明会在卢萨卡的中央零售店。世界宣明会的司机完全理解在装载产品上车时，将不同类别的产品分开的必要性。司机紧盯着装载过程，以确保产品能够被正确分类。但是，司机这种微观的管理导致和卡车装载人员产生了冲突，其中一名工人由于被他"纠正"而暂时离开了工作岗位。司机向工作人员强调，在中央仓库装卸货物时，必须将不同类别的货物分类放好。

大学教学医院派了一辆车来领取食品（大约 2,700 箱）。监狱团契自己没有车辆，所以租用了摩西之家的卡车将货物（大约 750 箱）运送到卢萨卡以北约 300 千米的恩哥拉中心仓库。摩西之家收到了 300,000 克瓦查（约合 90 美元）的运输服务费。

人道主义的援助

摩西之家、援助之手和其他援助机构希望向卢萨卡社区通报这一慷慨的人道主义援助行为，尤其是该援助行为旨在帮助婴幼儿。摩西之家主持了一个婴幼儿食品的捐赠者和接收者都在场的活动。摩西之家的院子中摆放了很多纸箱子，装的都是卢萨卡社区要捐赠的食物。

卢萨卡的电视、广播和报纸广泛报道了这一事件。当天，摩西之家的董事会、世界宣明会的代表、大学教学医院院长和监狱团契的代表，以及作为主要捐助者的儿童饥饿救济基金会（Children's Hunger Relief Fund）的负责人和德国大使馆的代表都在场。

几位当地牧师到场并对捐赠食品的人表示感谢。当地社区的妇女和儿童也被邀请参加摩西之家主办的午餐会。有 50 多位母亲参加了这个活动，她们每个人都收到了一条当地生产的毯子。从人道主义和公共关系的角度来看，这个活动总体非常成功。

调配 2 号集装箱

如前所述，摩西之家购买了 2 号集装箱，用作已被他们救出的曾被虐待或被遗弃的大龄儿童的安全存储单元。2 号集装箱离摩西之家大约15 千米。该项目需要租用大型移动式起重机和大型卡车，来将集装箱从海关区域运送至肯雅玛。该项目的总成本为 3,791,000 克瓦查（约合 1,115美元），而二手集装箱的成本为 1,400 美元。

物流项目收尾阶段

摩西之家把其留用的货物从院子转移到之前就在那里的存储集装箱。这个过程必须受到严格监督，以确保不同类别的产品被正确地分类，并且在堆叠时，箱子正面可以看到食品的有效期。摩西之家的执行董事将会拿到一张写明了每种产品精确位置和有效期的图表。

整个程序经过具体概述后再实施，以确保每个类别的产品的安全，并保证库存记录的准确性。集装箱被锁上，并设置了保管措施，以最大限度地减小发生盗窃事件的可能性。

据估计，2006 年，摩西之家使用捐赠的婴幼儿配方奶粉和谷类食品，比在当地市场购买节省了 36,000 美元。节省下来的钱用于为摩西之家的员工适度增加工资。

有人担心婴幼儿可能不适应这些新配方的食品和谷类食品，会产生什么不良反应。幸运的是，婴幼儿很快就适应了新食品，且没有出现任何问题。

　　某些捐赠食品的使用期限相对较短（如有效期为 2006 年 8 月 7 日的食品）。这有些令人担忧，因为赞比亚的人们通常会在产品有效期那天把它们丢弃，而许多北美和欧洲的人们则认为这些日期设置得非常保守，因此有时会在有效期之后几个月仍在使用。必须要考虑到这种文化差异。

第四部分

供应链中的功能性任务

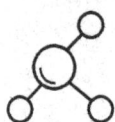

本部分包括 3 个案例。

根森公司的案例关注组织支出（即采购）领域和如何提高服务采购的有效性和效率。

克莱默体育公司的案例关注的是著名概念"精益"。强大领导力、适应性企业文化是变革和成功的关键因素，有时独特的组织结构不利于公司的生产方式向精益转变。

UPS 物流公司的案例的重点在于第四方物流（Fourth Party Logistics，4PL）的概念和相关战略的制定，特别是全面供应链整合方面战略的制定。

这 3 个案例的重点都是处理供应链中的基本功能性任务，但每个案例侧重的方面不同，每个方面对管理者来说都具有挑战性。

11

服务采购领域的突破：根森公司

丽莎·埃拉姆，迈阿密大学

本案例仅供讨论用，它基于一个真实事件，为了丰富内容，对话中的一些数据和措辞经过了修改。

案例背景

根森（Gensin）是《财富》评选的全球 100 强制药公司之一。由于成功的收购以及新产品的引进，根森获得了可观的收益增长。虽然其去中心化的模式在许多方面取得了成功，但运作成本也非常高。此外，根森希望与客户建立更牢固的关系，而去中心化让根森很难受到客户重视。因此，根森正在做一些重要的重组，以提高成本效率，为客户提供更有效的服务。

爱丽丝·梅刚接管了根森成立不久的全球采购部门。梅在领导采购部门方面有近 20 年的经验（包括在根森的近 10 年的经验），但集中化的战略采购部门却是根森独有的。在重组之前，采购部门已经围绕业务部门被组织起来，并由全球采购协会管理，如图 11-1 所示。

根森围绕客户进行了重组，其新组织结构如图 11-2 所示。指导新组织结构设计的因素有许多。首先，人们希望更好地为新兴市场服务，新兴市场的增长速度快于发达国家较成熟的市场，而新兴市场的价格远低于成熟市场。这些市场的需求可以通过位于特定市场附近的低成本的第三方制造商的生产来满足。因为这些第三方制造商跨业务进行生产，所以根森最好能够对其进行集中协调。

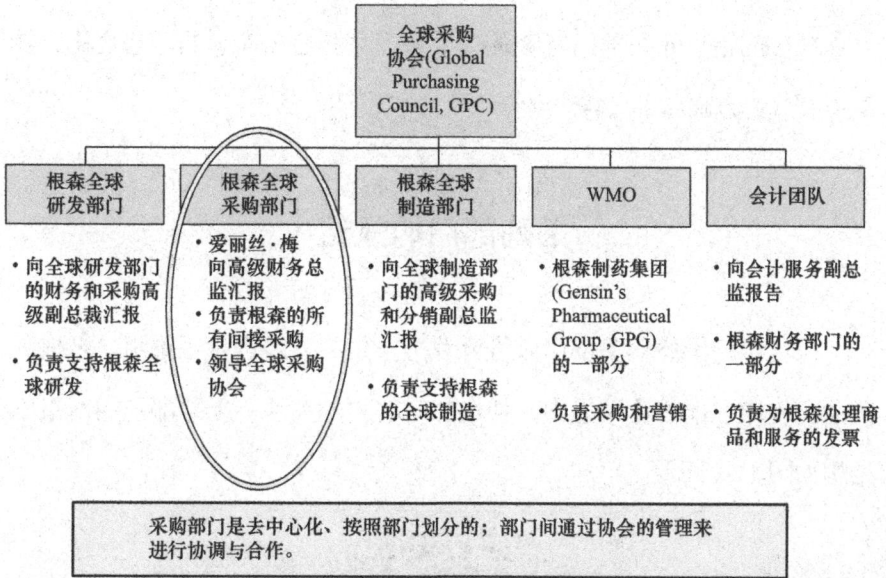

图 11-1 根森采购部门当前架构

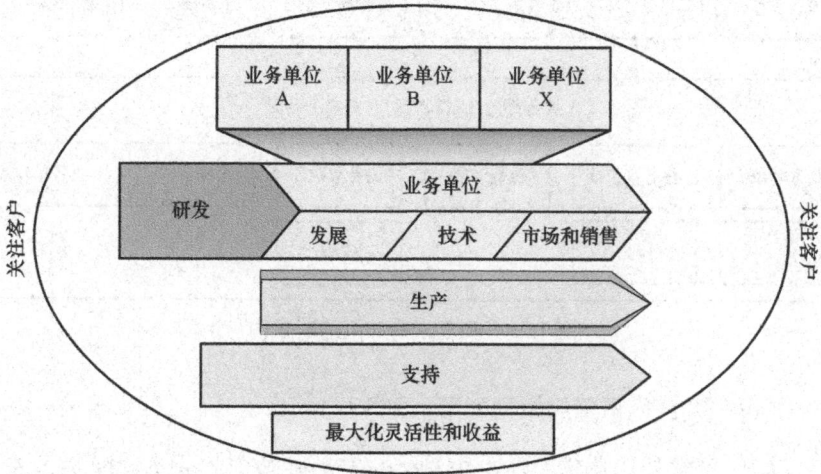

图 11-2 根森采购部门关注客户的新架构

全球扩张的客户群加上全球第三方制造基地，让全球供应链日益复

杂。中央式协调能够更有效地提高供应链的响应速度和信息透明度。图
11-2 顶部的重点业务部门能够及时了解产品和客户需求的动态变化，并
以更有效的方式与中央客户合作。

采购部门的重组

采购部门围绕业务部门以符合业务重组的方式进行了重组，以提高
跨业务和跨职能的协调能力，并增加对客户的关注。采购部门的新组织
结构如图 11-3 所示。

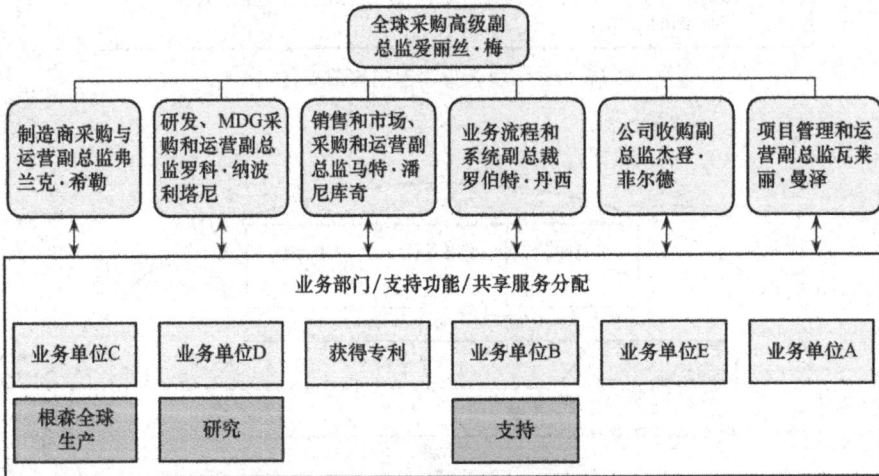

图 11-3　根森采购部门的新架构

指导采购部门重组的原则如下。

（1）能够使用持续关注支出和供应商协同效应的分类管理法。该方
法需要根森的全球运营部门提供支持，以客户为中心，建立一种灵活且
实际的模型——而不是一个"通用"模型。

（2）能够更多关注与内部客户之间的沟通，而不是关注分散的采购部门所建立的采购共识。

（3）能够高效分配资源，以及获取更多美国以外的分配管理资源。

（4）能够降低运营成本。

产生了重组后业务关系经理这个新角色。业务关系经理负责执行以下任务。

（1）充分了解客户的战略业务需求，并寻找支持全球采购的方法。

（2）作为内部客户部门的高级单点联络人员。

（3）必要时协调全球采购部门来为客户提供支持。

实施分类管理

经过重组后，公司采购过程的透明度提高了许多，梅和她的团队开始有条不紊地实施分类管理。重组前的采购部门也使用分类管理，但并非是正式进行的，并且依赖于承担购买责任的采购委员会。采购委员会成员分散在各个业务部门，承担着不同的责任，向同部门不同级别的甚至不同职能部门的高层汇报。重组后的集中式结构为改善分类管理提供了一个很好的跳板。

进行市场营销时，相似的产品和服务被归类后再进行管理、出售和交付。采购分类管理与此类似，将购买的类似商品或服务进行分组。这样做是为了分析支出模式，确定购买同类产品的采购策略，以获得既便宜质量又好的产品及更好的服务。市场营销需要了解产品，避免销售重复产品，并理解销售的每一种产品之所以独特的原因。类似地，采购必须检查购买的每种产品或服务是否具有协同作用，是否重复以及其价值所在。由于采购没有对类似物件进行管理，根森花费了太多的时间和精力来管理过多的供应商，很多工作和流程都重复了。此外，因为其没有充分利用自己的规模优势，对一些供应商来说，根森似乎不是一个很重要的客户。

图 11-4 展示了根森采购的现状和期望状态。根森希望建立一个统一的供应商选取标准，减少资源浪费，并与每一个类别中的优秀供应商合作。

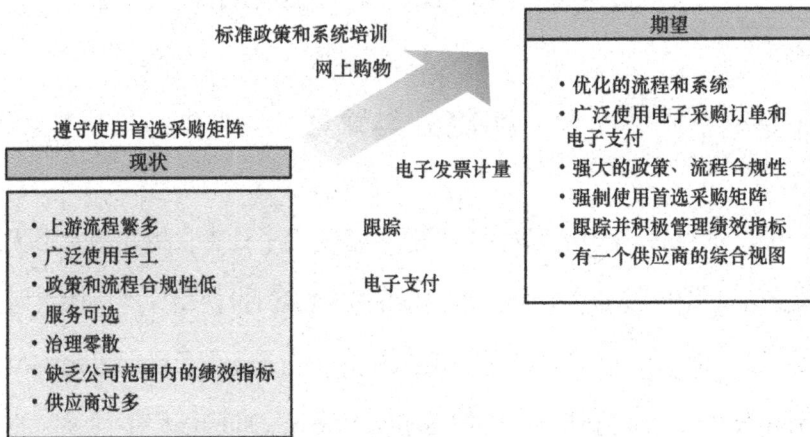

图 11-4　根森采购部门的发展现状与愿景

根森制定了一套采购指南来指导每一步行动。这套采购指南是基于其他公司的实践，并与美国高级采购研究中心（Center for Advanced Procurement Strategy Research）和美国供应管理协会（Institute for Supply Management）等供应管理专业组织，以及采购专业的顶级顾问合作开发的。这套采购指南包括了以下方法。

（1）合理化供应基础。大部分时候，这是通过减少供应商的数量来实现的，但有时也通过增加能够更好地满足根森需求的新的供应商和不同类别的供应商来实现。

（2）减少根森在供应商方面的花费。这将有助于根森成为各个供应商的重要客户。

（3）评估总拥有成本。评估是针对每次采购的，评估时不仅要考虑产品的价格，还要关注与某家或某类供应商的合作。

（4）使用来自世界各地的供应基地。根森因此能够与各地优秀的供应商合作。

（5）所有内部客户都须遵守本指南。包括在整个采购流程中与采购部门合作的任何个人，这样采购才能增值，而不仅仅是走签字流程。

（6）使用对应分类下的首选采购方式。包括电子拍卖合同关系、采购卡等新型采购方式。

（7）首选供应商协议一旦达成就必须强制使用。

请记住，分类管理的总体目标是实现或帮助实现业务目标，而不仅仅是节省资金。图 11-5 详细介绍了根森进行分类管理时在这些原则指导下所遵循的步骤。

通过基准测试、阅读最新研究、咨询顾问，根森对指南的每一项都进行了验证。分类管理始于包装、材料和配料一类的传统类别管理，让采购部门参与这类分类管理是常规做法，且其参与度已经很高，增值作用显而易见。尽管传统类别管理可以节省很多钱，但采购部门对非传统类别的分类管理也很感兴趣，然而，其实际参与度却十分有限。广告、临床研究和专业服务等非传统类别通常都只在特定部门处理，采购部门只需要查看合同并签字。迄今为止，采购部门很少参与这些类别管理并带来增值。因为这些类别的某些领域有着高额的预算支出，并且预算持有者通常会认为自己是专家，因此这些领域会有些政治敏感。比如，采购部门必须费力"兜售"自己的价值以说服营销部门，才能对广告支出进行类别分析。但根森正在大规模审查多个领域的所有开支，考虑削减预算，因此采购部门将更有可能参与到非传统类别的分类管理中。

图 11-5 实施分类管理的步骤

一个关键策略是查看每个类别的物件所代表的价值，并与对应类别物件的供应市场的风险或复杂性进行比较，首选采购矩阵如图 11-6 所示。通过分类管理，采购部门可以在牢记关键的采购指南 [1] 的同时，将精力集中在能够真正增加价值的领域。

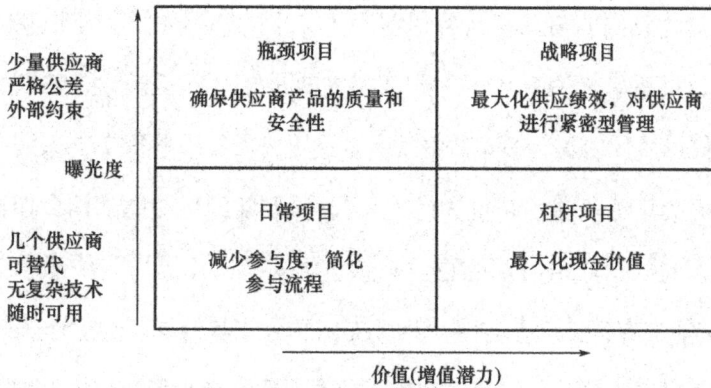

图 11-6　首选采购矩阵

参与法律部门工作

梅在接到根森法律部门的新负责人康拉德·科尔的电话时又惊又喜。他说："梅，我审查了我们购买外部法律服务的方式，我认为有很大的改进空间。目前，我们正在与诉讼领域的数百家律师事务所合作。对于跨区域的问题，极有可能会产生重复或不一致的解决方案。这些公司彼此之间如果能够进行协调，其能力也是有限的。这意味着我们获取的结果可能并不令人满意，并且不同的地区还可能产生不一致的结果。此外，各家律师事务所的收费方式不同且缺乏透明度。我要召开一次顶级律师事务所会议来解决这些问题。我会告诉这些律师事务所，根森希望改变与其的合作方式。作为采购部门的负责人，你可以帮助我们确定合作的方式。我希望你参加这次会议，并帮助我完成这项工作。"

梅对此感到非常兴奋。到目前为止，采购部门还没有与根森的法律部门进行过有意义的合作。采购部门主要是做文书工作、签字批准法律部门已经达成的协议，在某些情况下，还可以回答一些简单的采购问题。法律部门的年诉讼费用超过 3 亿美元[1]，采购部门与法律部门合作，根森可能会因此获得非常可观的收益。这也为采购部门提供了一个潜在的机会，使其能够有意义地参与法律相关支出和公司其他部门的工作。梅知道，她必须获得这一机会，但她也知道，必须要采取专业和熟练的处理方式。在尊重法律部门的同时，使采购部门参与法律部门的工作。她认为，参与法律部门工作的主要问题如下。

（1）根森的法律部门与数百家律师事务所合作。

（2）跨地区重复工作的可能性很大。

（3）事务所之间的协调能力有限。

（4）各个事务所每小时收取的费用不一致。

（5）各个事务所的收费制度缺乏透明度。

（6）希望减少根森在所有部门的支出。

为了对与康拉德·科尔的会面做准备，梅决定研究根森法律部门的各种支出类别，了解这些支出可能在哪些方面产生较大的影响。表 11-1 列出了根森法律部门支出的主要类别和金额[2]。

1　此值是虚构的，并不是本案例所研究的公司在诉讼上花费的实际金额。

2　这些数字是虚构的，其并不代表根森每个类别的实际支出。但是数字的相对大小和数额仍然有意义。

表 11-1 支出摘要[1]

法律相关支出类别	年度支出/百万美元	描述	类别市场	曝光度、风险、复杂性
知识产权	40	保护版权、专利权和商标权	用知识产权法保护版权、专利权和商标权 保护知识产权对于任何需要投入大量资金的创造性工作成果（如药物研发）尤为重要 药品是有效专利寿命周期最短的产品之一（约11～12年） 全世界都在进行专利申请和专利权侵权诉讼	随着互联网和全球化的发展，知识产权的风险越来越大，执法手段也不尽相同 侵犯品牌知识产权、商标和版权的保护的行为不易被发现，知识产权的保护更为复杂 专利法是一个复杂容易让人迷惑的法律领域，相关法律规范容易前后不一致 发展知识产权需要大量投资 花费了大量时间研究，结果却是根森的知识产权只能够在一小段时间里受到保护
诉讼费	300	诉讼使用正当法律程序解决纠纷。包括在法院的法官和陪审团面前审理案件	根森被卷入许多与被它合并或收购的公司提起的诉讼 制药公司都将容易卷入侵权诉讼，要对药物试验和产品使用的负面潜在的责任	由于经济、技术和环境变化，该领域的支出也会随之增加——申请医疗保险预计会显著增加 法律诉讼非常复杂，需要为每个案件做好不同程度的准备，还需要有这家公司的律师同高演说水平的律师 是否选择某家公司的律师，在于其挑选陪审资历、客户关键知识、关键案件的获胜记录（而不是在于这家公司本身）

1 有一笔约 1.5 亿美元的诉讼相关的额外支出费用，由于其高度的专业性，并未归入本管理范围。

续表

法律相关支出类别	年度支出/百万美元	描述	类别市场	曝光度、风险、复杂性
合规性	25	这一法律领域确保公司遵守相关的法律法规、商业规则以及道德规范	公司的合规管理代表了最底层员工的最高管理水平；公司的合规管理遵循药锏物制造商合规管理会对销售、营销、环境安全与健康等业务领域产生影响	制定了相关书面政策、程序和指导方针；设立了相关培训和教育项目；必须进行内部监控和审计；对指导方针进行了宣传；采取了措施评估并降低风险（尤其是产品相关风险）
保险法	6	本领域包括了保险案例处理和理赔、人身和健康保险、再保险、保险索赔和纠纷	聘请法律顾问代表员工和公司处理保险、索赔事宜	法律顾问处理与保险索赔相关所有事宜，包括人身寿险、健康险和保险纠纷
证据开示	15	证据开示通过定位、检索并生成数据来展示相关事实	和公司内外部顾问合作，进行特定案例的识别、保存、收集、分析、处理和生产工作	证据开示的范围包括与诉讼、合规、政府调查、知识产权法、雇佣法、反垄断法、以及商业交易相关的法律事宜；风险在于可能无法找到适合的、必须的证据；必须及时进行证据开示，否则会受到罚款
其他用于法律事务的支出	35	其他法律部门相关支出都是一些常见的法律支出类别（比如咨询、法庭记录者、案件现场示意图、证据和数据管理）	相关工作由外部服务提供商完成	许多支出都与森的法律实践有关；这些花费中有很大一部分是由外部律师管理的，并将账单交还给森

同法律部门召开的会议

在准确地了解了法律部门的支出类别以后，梅觉得自己已经准备好和康拉德·科尔会面了。她相信，她和她的团队能够帮助法律部门分析支出，但对法律部门支出的细节、法律部门的目标和其他非常具体且需要专业知识的方面缺乏信心。她知道，如果法律部门需要采购部门的帮助，她的团队就必须与其建立非常紧密的工作关系。并且梅的团队在很大程度上需要依赖法律人员，就法律特征、法律程序、法律关系及其他与法律相关的复杂问题为梅的团队提供指导。她准备把自己的方案告诉康拉德·科尔。

当她与康拉德会面时，她发现他已经准备好了自己的方案。"如你所知，我们确实需要你的帮助。尽管我们与许多优秀的律师事务所合作，但管理和他们的关系却很难。与我们合作的律师事务所太多了，没人协调他们各自的工作。梅，我很高兴你愿意加入。我相信，我们面对的是一个可以为公司提高绩效并节省大量资金的巨大机会。我的想法是这样的。收费不一致的事务所太多了。我的内部顾问花了大量时间试图弄清账单，并帮助处理应付账款的职员制定策略，因为这些事务所的收费表太复杂了。另外，由于我们没有正式的评估机制，我不确定这些事务所在各自领域是否是优秀的。一些外部事务所有时可能会输掉大案，但此时也很难评估在当时的情况下其解决方案到底好不好。你想想这个问题，我之后会见一批行业领先的事务所的人员，将我们强化、改进供应商群的计划告知他们。在那之前，我们可以再聚一聚，我打算把会面安排在一个月后。那个时候我希望你在那里和我一起陈述方案。"

讨论题

（1）将案例中提到的，根森在进行分类管理时遵循的 7 个步骤应用到法律部门支出类别中的诉讼领域，回答以下问题：跨职能团队中都应该有谁，为什么？你需要在内部和外部收集什么数据？如何获得这些数据？选择供应商时应考虑哪些关键因素？哪些标准是最关键的？应该由谁来进行持续的监视和测量工作，应考虑哪些因素？

（2）卡拉杰克矩阵也叫首选购买矩阵，在对商品进行分类时对其加以应用，并将法律部门支出类别划分在不同象限。基于此分类，下一次要采购的商品应该是哪些？为什么？

（3）制定计划并准备一个在后续会议提交的大纲。

（4）讨论采购部门参与根森的法律部门管理的好处。

（5）讨论采购部门参与根森的法律部门管理的有利和不利因素。

（6）思考采购部门可能会起作用的其他一些支出领域（与法律无关的）。

参考文献

[1] Developed based on Peter Kraljic's article "Purchasing Must Become Supply Management," Harvard Business Review (Sept.–Oct. 1983): 109–117.

12

精益生产：克莱默体育公司

史蒂夫·梅兰德,

科罗拉多州立大学

苏珊·戈里奇博士,科罗拉多州立大学

克莱默体育公司(以下简称克莱默)的首席执行官蒂姆·威尔科克斯趴在桌子上,看着一张他一年前手写的简易清单,将当时写下的愿景和如今让人不安的现实进行了对比。威尔科克斯写下这张清单的时候,克莱默首次决定改变其生产环境,采用精益生产原则。自丰田公司的精益生产成功以后,世界各地的公司都在使用这种生产方式。精益生产使这些公司的库存至少减少了 50%,生产成本降低,质量、客户满意度和公司士气都得到了提高。所有这些都是当时面临着艰难的商业环境的克莱默所需要的。威尔科克斯回顾这份清单时,回忆起克莱默当时依靠仅有的一名顾问运营了半年,然后又在没有顾问的情况下运营了半年。他想知道,为什么克莱默的现状和一年前他所想象的有如此大的不同。

克莱默体育公司概况

克莱默是一个总部位于美国的工人合作社,其生产高质量的自行车和自行车拖车,销售到美国和欧洲的多个国家和地区。该公司成立于1978 年,最初以拖车起家,后来扩展到专业赛车、双人自行车和卧式自行车领域,再后来又增加了更多的拖车产品,所有产品都只通过自行车零售店销售。喜欢骑自行车的员工被氛围悠闲、由员工所有和管理的克莱默吸引。在 20 世纪 80 年代和 90 年代,克莱默不仅获得了高收入高利润，同时也建立起了良好的声誉。到 2000 年年初，克莱默每年销售 3 万辆拖车，还有大约 2,000 辆 10 种颜色、14 种车架形状（6 个旅行车架、4 个横卧车架和 4 个串联车架）的高质量专用自行车。

员工所有的合作社

作为一家由员工所有的合作社，克莱默的利润将会在每年年底以奖金的形式分发给每位员工。每年公司都会保留一部分利润用于经营和作为现金储备，但大部分利润都分给了员工。每位工作时间大于一年的员工获得的奖金都是一样的。此外，除了少数受过高级或专业培训的经理或员工（首席执行官、首席财务官、人力资源、设计工程师和会计师）外，不管工龄或职位是什么，所有员工的时薪都是一样的（比最低工资高出约 6 美元）。总体工资如此低廉，意味着员工的奖金可能占了其年收入很大的一部分，也意味着地区主管和向他们汇报的员工赚的钱是一样的，因此提高地区生产力的动力也是一样的。生产部门的两位经理的薪水比报告里写的略高。

合作社的决策过程也与大多数公司不同。虽然每位经理和主管在各自的领域内对少数员工负责，但大多数有关政策、产品变化、雇佣或解雇，以及效益变化的重大决定都需要全体员工或董事会投票表决。董事会是由 9 名员工代表组成的，他们由各个部门的所有员工选举产生。就连首席执行官在政策变化和大笔支出方面的权力也很有限，许多决策都必须获得董事会的批准。实际上，首席执行官向董事会汇报，董事会又是由向首席执行官汇报的员工组成的（见图 12-1）。

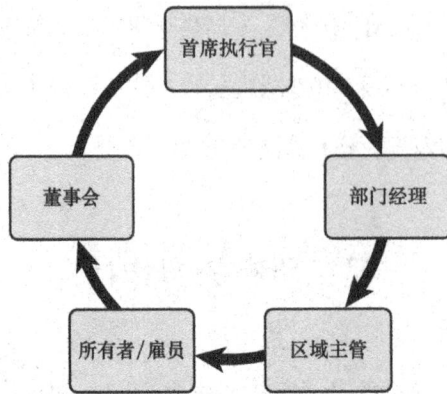

图 12-1　克莱默体育公司的组织结构

　　必须有正当理由，才能终止与工作满一年的正式员工的雇佣关系。终止需要现任员工的表决，且表决率必须超过 75%，就连该员工本人也有表决权！这种制度避免了经理们滥用权力——在没有得到许多其他所有者同意的情况下解雇经理们怀恨在心的人。

工厂运作情况

　　克莱默的生产设施分布在拖车和自行车两个生产部门。每个部门的生产流程是按功能布局展开的。同一类型的多台机器紧密地布置在建筑的同一块区域，有的还有特殊的对电力或水的需求。尽管大多数工人能够完成生产流程的多项工作，但通常他们会成为自己最喜欢的某一领域的"专家"。因为每个工人一般负责流程的某一部分，所以他们处理一批部件，然后将其传递到下一个工序。由于工作性质和周期时长多样，每个流程的处理批量都是不同的，甚至有时每个工人的处理批量都不同。部件用以下两种方式按批次传递：完成工作的工人会在轮班结束时传递一天的部件，或者半天传递一次；如果所需部件用光了，工人就会到上一个工序的工作区域自取。自取有时很有必要，因为克莱默的近100名员工可以自己设定工作时间。大多数人选择在周一到周五的早上6：00到晚上8：00工作，一周工作时间总共35小时即可。这种灵活性意味着，上一个工序并不一定总能够把部件及时交付给需要该类部件的下一个工序。

由于工厂里有很多技能高超的"专家"，克莱默能够自己制造许多工具。如各种尺寸和形状的手推车，该手推车可用于在工厂地板上移动织物、车轮组件、半成品自行车和拖车。还有用来给自行车上漆和烘干的自制架子，其能够同时对20辆自行车进行粉末喷涂（粉末颜色相同，以防止过度喷涂而让车架的颜色超过一种），然后直接将自行车移进一个大型"烤箱"中，将涂层干燥成坚硬、光亮的饰面。这是两个总组装工序之前的最后一个工序。

为了满足人们对热卖拖车的需求，克莱默每天尽可能多地制作拖车，但似乎仍然供不应求。每周克莱默花两天时间制作最受欢迎的拖车型号"吉米"（Jimmy），再花两天时间制作不那么受欢迎的"雷诺"（Reno），周五制作组件最复杂的"博尔德"（Boulder），一周的工作就完成了。博尔德的成品通常会在克莱默的仓库里放上几周，而雷诺只会放上一周。吉米的许多成品甚至在生产之前就被预定了，几乎都不会入库。有人提议每周用3天时间生产吉米，但又担心这3种型号都会像吉米一样出现供不应求的情况。此外，目前的时间表只允许每天转换一次型号的生产，每个工序都需要花费近一个小时才能完成转换。如果在周四或周五进行转换，整个流水线的生产效率都会降低。

克莱默的困难时期

在克莱默经历了多年的需求和利润增长之后，2000 年的早些时候，低成本的国外进口商品出现在大型综合零售商店和体育用品零售店中。尽管克莱默的管理团队已经努力解决这一问题，公司的利润和年终奖金还是减少了。在 2002 年以前，年终奖金一直以千美元计，2002 年却跌到870 美元。2003 年的财务统计结束后，尽管公司出现了亏损，董事会还是给每位股东批准了 200 美元的股息，奖金则是用积累的储蓄发放的。未来不再那么有希望了，经理们甚至想通过裁员来维持公司的运转。由于资金短缺，公司有一些经验丰富、工作努力的员工离开了公司，去找薪水更高或更稳定的工作。

克莱默的精益生产实践

约翰·沃恩是克莱默聘请来帮助实施精益生产的顾问。他在项目一开始就设置了一些培训课程，包括精益生产的原则、价值流图、5S 管理理论、如何减少生产准备时间、看板法、拉式系统以及单件流水作业。沃恩还让员工通过模拟实际精益生产来实践。

培训课程结束后，沃恩把注意力转向工厂的自行车和拖车两个生产部门。在拖车生产部门，沃恩着重寻找 3 种拖车型号的相似点和不同点，以便为每种型号设定生产节奏，以及只需要少量修改就能应用到全部 3 种型号的单处理流。他协助拖车部门为各个流程创建价值流图，以重新确定批量大小，改进现有流程。沃恩为部门团队指出了批量大小的影响，团队成员开始明白，大批量生产或优化单个工序并不总是有利于整个系统的。在 6 个月的时间里，沃恩每周都访问拖车部门。该部门取得了很大进展，减少了大部分工序的批量，建立起了处理流。最后的组装作业被分成两条独立的装配线，每条装配线只要大约 8 分钟就能从一个型号切换到另一个型号的生产。主管和团队享受这个挑战，他们因此能够减少生产准备时间，并在生产更多的拖车的同时减少库存和混乱。他们甚至商定了一个固定的开工时间，这样就可以统一开始装配，同时进行生产。

在最后的组装工作开始之前，还要在两个区域进行大量的批量操作来完成组装工序：在框架制作区切割铝棒，将铝棒弯曲后穿孔，来制作结构框架；在缝纫区制作各种坚固的布块，来构成拖车的底部、顶部和侧面。但是拖车生产部门的经理似乎并不完全看好精益生产。他认为："精益对某些建筑领域来说是很好的，但其他领域则更适合使用经过时间考验的方法来保证工序和个人的效率。"

自行车生产部门很难采用精益生产，因为其生产过程更精细，而且产品使用不同的车架颜色组合。例如，最后的两个组装工序每次只能生产一辆自行车，而前面的步骤则用批量生产效果最好。和拖车一样，一次只对一辆自行车的一部分进行切割就更换工具会浪费时间，所以就一次对几辆自行车同时进行切割。在进行焊接工序时，焊工把框架零件放进支架内后进行焊接。支架有 4 面，所以一次可以处理 4 个框架。机座是可以旋转的，所以焊工可以在原地保持不动。有 5 个用于不同大小和类型自行车框架的支架，每个一次可以放 4 个框架。

另外一个问题是粉末涂料。没有人知道在自制架子上给自行车框架上色时，如何使用不止一种颜色而不会将颜色喷涂到其他框架上。

可以一次只对一辆自行车进行涂漆和烘烤,但是为什么要这么浪费架子和"烤箱"充足的空间呢?这肯定是没有效率的,而且很可能在这个精益生产的背景下被归入浪费的范畴。沃恩也在自行车生产部门花了 6 个月时间,员工们也接受了他的想法,但是他一周只去一次。在团队的周例会中,经理向沃恩保证,他会让事情向好的方向发展,他们很快就会取得突破。尽管如此,每周沃恩来的时候几乎看不到什么变化。事实上,由于员工工作性质和日程安排的不同,他每周交流的人经常是不同的。

威尔科克斯经常去拜访大客户,洽谈重要订单。在城里时,威尔科克斯会见了两位生产经理,了解最新情况,两人都向他讲述了精益生产成功的故事,他将这些故事分享给了所有员工和董事会。董事会似乎对这一实践感到满意,但克莱默的财务状况没有任何变化。董事会不知道克莱默还会亏几个月,为了达到真正意义上的成功,克莱默需要在几周内(而不是几年内)实现精益生产带来的财务改善。

为期一年的审查

为了评估精益生产的进展,威尔科克斯让沃恩进行为期一年的审查,包括参观工厂、随机采访车间员工和管理人员,并撰写一份总结报告。参观和采访完毕后,沃恩花了一些时间整理了一些引述,以便在和威尔科克斯见面时给他看,并与他分享了下面的内容。

"我们的部门经理把事情完全搞砸了。他并没成为精益生产的推动者,他没能帮助我们做得更好。他没有起到作用,而首席执行官还不能裁掉他。

"公司有少部分人坚持反对一切通过减少产品的库存以提高生产性能的办法。他们喜欢回到过去那样，所以他们才成功地让这些变化逆转了。

"在这里进行革新真的很难，因为比起其他公司，这里的员工的权力太大了。他们工作稳定。我认为有些管理者害怕做出改变。

"如果威尔科克斯离开，我会让项目在明天或不久后就终止，除非有一个像他那样懂得奉献的人来替代他，虽然我认为这是不太可能的。"

距离向董事会提交精益计划已经过去了一年。威尔科克斯在与沃恩的一次会面后，立即打开文件柜，找到一个名为"精益"的文件夹，并在文件夹最后找到了他的清单。

威尔科克斯的清单

为什么精益计划会在克莱默取得成功？

（1）采用精益生产以后，我们会建立完美的雇主和雇员结构。每个所有者都会从精益生产中获益，因为其将为公司带来更低的成本、更高质量的产品、更多的利润和奖金。每个人都会致力于精益生产。

（2）精益生产是一系列易于理解的原则和实践，低库存量的益处显而易见。

（3）像丰田公司一样，一直以来我们的提拔对象都是从内部产生的，我们的经理都是在各个部门受到尊敬的人，因为他们拥有丰富的实践经验。

（4）作为一家小公司，我们的流程、规章没有那么死板，劳动力的灵活性也更高，因此改变我们的生产流程是较为容易的。

威尔科克斯又看了看他的清单，确认上述内容无误。这些要素都是对克莱默有利的，但是为什么精益生产并没有取得成功呢，又应该怎么做才能扭转这个局势呢？

13

向第四方物流转型的策略：UPS 物流公司

雷姆·范·胡克，克兰菲尔德大学管理学院

案例背景

供应链中的第四方物流不像传统的第三方物流，其不仅仅提供运营物流和履行服务。要实施第四方物流模式，UPS 物流公司需要进行重大转变，由主要提供快递和物流服务，到参与客户更完整的供应链流程，对客户供应链绩效和战略产生更大影响。UPS 物流公司和一些客户之间的关系，如和思科公司的客户关系表明，第四方物流模式的潜力在于提高客户的"附加值"、加强客户关系和摆脱物流服务商品化等。然而，从长远来看，尤其是从制造商的角度出发，以及考虑到外包供应链协调者可选项（如顾问和合同制造商）的存在，这种模式是否可行还未知。还有一个问题是，从第三方物流转换到第四方物流，物流服务提供商和客户双方的交易状况和关系协调要求会发生什么变化也未知。

物流行业环境和商业模式环境介绍

近段时间，物流服务提供商们力图为客户提供创新的供应链服务。一直在扩大服务范围，如提供第四方物流服务等。第四方物流模式本质上是将第三方物流模式中货物的承运人提升成为货物流的协调者。第三方物流公司认为，这不仅是一种增加收入的方法，更重要的是，这还有助于产生比传统仓储和运输服务更高的供应链增值。这些传统服务的市场可能仍然会处于上升趋势，但是有越来越多价格低廉的竞争者出现，意味着其已经走向商品化。第三方物流模式也是资产密集型的，其市场对价格敏感，这进一步加大了取得可观投资回报和财务业绩的难度。第四方物流模式则完全称不上资产密集，因为其更侧重于协调，而不是只为客户经营资产[1]。

尽管有通用汽车（General Motors）和向量物流（Vector Logistics）等成功的例子，但在增值服务的市场上，很少有运营成功的公司。这些服务可以提升第三方物流公司的地位，让其超出商品服务供应商的范畴，成为供应链的关键环节；让其对供应链中的货物的整体流程进行协调和管理，而非只是运送。

图 13-1 展示了布利尼亚等人[2]提出的服务分类法，借助这个方法能更好地理解从第三方物流到第四方物流的演变。服务提供商的目标正在从提供大众服务转变为提供专业服务。这就需要增加服务的定制化程度、与客户的接触时间（开发定制化服务、协调工作等），以及对客户关系和供应链流程的重视程度，减少对设备和产品的关注。从第三方物流公司的角度来看这可能很有意义，但问题是客户真的会购买第三方物流公司的增值服务吗？对这个问题，柯尔等人认为虽然某些第三方物流服务提供商的服务确实非常全面，但其与大多数客户的关系始于不那么全面的管理服务。随着客户逐渐习惯在运输、仓储等方面使用第三方物流服务，第三方物流服务提供商也具备了提供更广泛服务的能力[3]。

在进行大规模调查之后，范·霍克和范·迪耶多克[4]得出的结论是，尽管第三方物流公司很努力地在拓展服务范围，提供诸如用户定制和协调的服务，但却很少有成功的案例，就算成功了也称不上完全成功。此外，在第四方物流服务领域，第三方物流公司面临着一系列新的竞争对手。

除了传统的竞争对手——运输公司和货运代理公司，像埃森哲一样的顾问公司、软件供应商和合同制造商也开始提供第四方物流服务。总部位于美国的 SCI 就是这样一个合同制造商，该公司将物流组织分为了两个部门，一个负责内部物流，另一个则负责和客户合作，提供增值的外向物流服务。

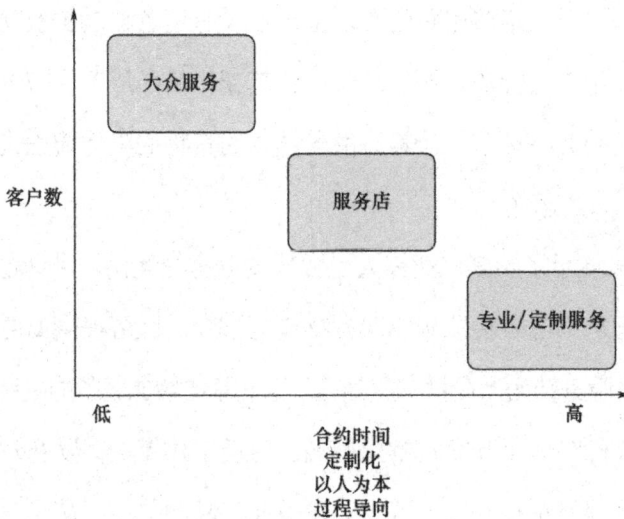

图 13-1　服务分类法

SCI 公司的物流运营总监阿道夫·安萨尔杜拉说道："大概在一年半以后，我们的外部物流服务需求将会达到很高的水平。我们决定将我们的物流组织打散，并创建一个专门为广大客户提供服务的小组，包括直接订单履行、维修业务、逆向物流、库存枢纽管理以及第二阶段的制造。合同制造外包业务涵盖了从制造到采购和计划，再到完整的供应链管理和外包，许多第三方物流合作伙伴无法为原始设备制造商（Original Equipment Manufacturer，OEM）提供全面服务，其无法提供的服务则很快就会被合同制造商接手。"[5]

以此作为一般的行业背景，下面将介绍 UPS 物流公司使用第四方物流模式扩展其服务、协调客户关系的方法。

UPS 物流公司转型之路

由 UPS 物流公司发展起来的第四方物流的商业模式会考虑客户关系的演变，其是随着客户关系的发展而发展的，如图 13-2 所示。各种传统的运输和仓储企业、第三方物流公司已经给原始设备制造商提供了物流服务（A 阶段）。一旦第三方物流公司发展成第四方物流公司，供应结构就进入 B 阶段，第四方物流公司将接管原始设备制造商的流程管理。第四方物流公司接管物流业务，并开始代表客户管理物流的实物供应。该阶段出现了一个协调物流服务操作和向客户提供单点联系的中间层。在这个过程中，有时候具有产品和客户关系专业知识的第四方物流公司为了迅速积累足够的专业知识会替代客户的雇员。

制造商
协调与第四方物流服务提供商的关系以及制定供应链战略

4PL
协调与制造商和物流运营商的关系

物流运营商
与第四方物流服务提供商协调并进行物流服务

图 13-2　第四方物流模式下的角色关系和责任划分

第四方物流服务提供商一般都不是以资产为中心的，而以信息为基础的。那些从第三方物流演变而来的客户关系可能保留了一些硬资产，但关键因素是改变内向发展心态，把焦点从硬资产所有权和资产的使用转变为利用市场上现有的第三方物流能力，进行总供应链效率的提升和优化。这意味着第四方物流服务提供商将代表客户进行采购与协调。UPS 物流公司可以不把服务外包，也可以从第三方物流服务提供商那里采购服务，这取决于哪个供应商能够提供更好的服务（基于服务水平、质量、一致性和成本）。第三方物流服务的选择有时是部分基于客户的建议或规定的，但在这种情况下，第三方物流服务提供商就是由客户来负责了。在该第三方物流公司提供服务时，如果表现不佳，客户就不能追究 UPS 物流公司的责任，除非 UPS 物流公司在进行一段时间的绩效评估后认可了该公司。

在 C 阶段，第四方物流服务提供商进一步关注供应链，并且其开始为客户承担起供应链经理这个更为重要的角色。第四方物流服务提供商也开始和客户的零部件供应商对接，有权请求其出货。这可以基于规则（一旦库存低于一定水平就补货），也可以基于模型。此外，第四方物流服务提供商也开始从事面向客户的业务，其可以接听并处理来自客户订购发货和订单履行活动的一级或二级呼叫。

一旦实现了供应链层次的飞跃，第二步就是协调与其他制造商的关系，这样就到达了 D 阶段。在了解客户订单和供应操作的情况下，第四方物流服务提供商可以协调与合同制造商的最终对接，并通过协调和运行整个供应链建立起一个虚拟组织，其中客户只负责设计和营销。到底谁能最好地管理供应链，显然，第四方物流服务提供商和合同制造商可能会对此产生争论，就像从 A 阶段发展到 B 阶段时，关于谁能提供更好的第四方物流服务，第三方物流服务提供商之间也可能会彼此争论。而要出类拔萃，流程的实施和管理能力是关键。

结果就是供应链将会分层，责任也将被划分。制造商（即客户）专注于供应链战略以及协调客户和第四方物流服务提供商的关系。第四方物流服务提供商则协调并管理物流运营商，物流运营商则关注物流流程的执行以及与第四方物流服务提供商的协调。制造商最重要的责任在于最后一点，即外包并不意味着完全不承担任何责任。持续进行协调、对接关键接口、整合整个系统是成功的关键，对此，制造商和第四方物流服务提供商的角色一样重要，甚至还更重要。

此外，为了使第四方物流服务提供商与制造商之间建立密切的工作关系，需要在一定程度上集成信息技术系统。制造商至少要有电子的共享订单和库存报告，最好为第四方物流服务提供商提供规划软件工具的使用权，以建立更加密切的合作。在这方面，UPS 物流公司为客户使用其先进的传输网络优化工具和软件来组织运输，这对客户来说是一大好处，因为基本上客户直接利用了 UPS 物流公司的关键竞争力和能力之一。

管理转型过程

图 13-2 的流程反映了解体和重整合的变化过程。最初，供应链解体（A阶段到 D 阶段），供应商与制造商分离。然后围绕第四方物流服务提供商，供应链在更复杂的层次重整合。你如何处理供应链的这种转变？

UPS 物流公司通常不再参与许多传统的投标或合同招标，而是在供应链设计和业务流程再设计项目中为客户提供咨询服务。USP 物流公司进入了一个协同设计的流程，和客户不再是销售和购买的关系了。UPS物流公司利用其在物流和供应链的经验，和变化或发展中的公司共同设计该公司的业务模式。由于预测到了管理供应链业务的机会，UPS物流公司将收取极具竞争力的市场咨询费。但如果最后收到的不是第四方物流服务提供商的委托，UPS物流公司也会额外收费来补偿其付出的努力。这使得UPS物流公司处于一个更加中立的位置。UPS物流公司一开始的重点不在于销售，而在于利用提供解决方案的能力，帮助公司设计业务模型，同时还关注如何真正推动第三方物流服务提供商与客户的物理供应链的无缝衔接。

一旦第四方物流模式到位（B阶段），UPS物流公司就开始进一步与客户的各个部门进行交互。例如，说服制造和销售部门，让其相信第四方物流模式的前景，否则第四方物流的应用还是局限于运输管理（A阶段）。在第四方物流模式的发展进入C和D阶段时，UPS物流公司实际上已经开始为客户管理供应链了，因为UPS物流公司一旦开始提供服务，便成为客户供应链运作灵活的黏合剂。前第三方物流公司内部的心态变化过程，以及更重要的客户内部的心态变化过程可能会十分耗时耗力，而在B阶段实现的透明度和改进的通信系统等将会协助其与客户的各个部门之间的沟通。不同于只用节约成本说服对方，节约成本是第三方物流公司在物流服务发展中兜售的传统论点，是导致该行业商品化的部分原因。然而，当第四方物流服务发展到供应链服务时，服务提升变得更加重要，而不仅仅是节约成本，这标志着该行业不再对价格敏感。

运营过程、心态以及通过整合不同阶段的信息逐渐完善的供应链管理系统的变化，展现了各个阶段在物流和供应链对竞争力的贡献，正如鲍尔索克斯和克洛斯 [6] 观察到的那样。他们认为，物流最开始可能有助于节约成本。这是第四方物流服务提供商最开始兜售服务时的宣传点，非常像传统的第三方物流服务提供商。然后其可以为客户提供增值服务，正如前面所解释的，这是第四方物流服务提供商更高水平的服务。最后，一旦整合信息流和商品的协同作用开始被积极管理，新的市场、产品和服务就会产生。鲍尔索克斯和克洛斯 [6] 认为，一旦第四方物流发展到 D 阶段，其也就接近物流对竞争力贡献的最后阶段了。通过在物流服务范围内加入来自制造商的服务和补充性服务，可以为其客户提供更高层次的定制服务。如图 13-1 的纵轴所示，物流公司可以通过提供附加值更高的增值服务，真正摆脱传统运输、仓储服务的商品化陷阱。

持续变化的经济状况和合作关系

完全进入 D 阶段以后，物流服务提供商和制造商之间的关系、经济状况和交易方式已经发生了重大改变。如前所述，双方的协作也必须随着经济状况的变化而改变。表 13-1 详细描述了从第三方物流模式转为第四方物流模式发生的一些典型变化，而表 13-2 描述了第四方物流服务的一些特性。值得注意的是，很多特性将成功合作的许多责任落在了制造商（客户）一方，包括进行更广泛的协调工作、分享战略变化和目标、进行更全面的绩效考核和评估。这些都是因为物流服务提供商更深入、更全面地融入了制造商的供应链，制造商则更依赖于物流服务提供商来满足客户的需求。

表 13-1　制造商与第三方和第四方物流服务提供商之间经济状况和协调关系的区别

	第三方物流模式	第四方物流模式
服务提供商参与供应链运作的方式	进行实际的运输	协调和管理物流运营
所提供服务的资产强度	高；卡车、库房等	更低；信息系统等
所提供服务的信息强度	低；执行标准化任务	更高；管理货物流
执行服务以满足客户需求时对制造商的依赖程度	中等；低转换成本，同一商品化服务有多个类似提供商	更高；制造商依赖物流服务提供商的系统来履行和完成订单
制造商的联络点情况	执行级别的日常联系和合同谈判管理	最好有专门的联络点，与高层协调进行供应链设计与策略制定
服务的绩效衡量	可能与吞吐量、报酬和季度评估有关	更具综合性的指标，如客户服务和供应链战略措施等
制造商共享的战略情报	只用告知第三方物流服务提供商物流服务水平、设施和其他影响物流过程的变化	更具综合性的情报，包括客户和供应商列表、服务策略和优先级

　　谈及第四方物流模式下的经济状况和关系协调时，物流服务提供商应该考虑集成信息技术系统。同时，制造商也有必要提供大量的系统支持，可能包括通过网络接收客户订单、从供应商那里订购产品，并检查自身的库存数量。而对于不同的供应商，这个过程可能是不同的，物流服务提供商因此会面临规模经济、执行和学习速度方面的挑战。制造商（客户）也可能要求将建立集成信息技术系统作为物流服务提供商实施工作的一部分。因此，物流服务提供商很可能会使用现有的系统来进行运输和发货管理，如 UPS 物流公司就是使用现有的桌面集成工具，还有复杂的网络设计系统，来帮助客户设计供应链网络和优化自己的运输网络。

表 13-2 第四方物流评估表

第四方物流模式下的重点工作	运输公司	第三方物流服务提供商（如UPS物流公司）	货运代理公司	管理咨询公司	信息通信技术提供商	合同制造商
	从A地到B地运输货物	物流／实体流	组织货物运输	管理方案的制定和实施	信息通信技术的部署	供应货物
物流能力	运输能力（最好有仓储能力）	快速交付、物流运作的能力	组织运输的能力	最好有咨询能力加上一点实操经验	最好有搭建系统的经验	内向物流专业知识
信息系统能力	最好能进行电子数据交换	运营物流越来越重要的先决条件	最好能进行电子数据交换	最好能通过咨询获取专业知识	核心竞争力	最好会使用企业资源计划（Enterprise Resource Planning, ERP）系统来协调供应链运作
信息管理能力	关注运输相关信息，不用关注供应方面的信息	进行一些物流运作的先决条件	一般只关注组织运输相关的信息	解决问题和进行筹划的能力	系统部署的能力	关注供应链制造环节的相关信息
供应链管理能力	非常有限的供应链接口和参与	传统上只关注物流	非常有限的供应链管理能力	广泛的专业知识网络	很少有参与供应链的经验	只关注制造
推动变革能力	运营变革相关，与客户交互的机会有限	将物流概念落地实施的经验	运营相关，与客户的机会有限	变革中的关键能力	系统部署的能力	在制造环节带来大量增值的经验
对自身资产的依赖频度	关注运输能力的利用	关注物流能力的利用	资产很少	仅只人力资源	信息技术相关的工具和人力资源	关注制造资产的利用

表 13-3 总结了当转换过程被有效管理时，第三方物流服务提供商和制造商（客户）能获得的好处。

表 13-3　采用第四方物流模式对制造商（客户）和第三方物流服务提供商的好处

	制造商（客户）	第三方物流服务提供商
战略层面	超越任务执行层面的益处，包括更少的内部员工数（如不再需要进行运输规划的员工），还可从物流服务提供商的规模中获益 风险：更加依赖物流服务提供商来满足客户需求，运输计划的特殊性可能降低服务提供商经验和规模带来的效益	逃过第三方物流服务的商品化陷阱，更加深入、广泛地参与客户的供应链运作，不只是物流运输，更多地依赖客户
经济层面	见上	更高附加值的服务 不再进行基本的执行工作，而是进行管理与协调 更低的资产强度
运营层面	见上	扩大经营范围 风险：广泛进行系统开发和集成，由于制造商供应链组织的特殊性，所以可能会在实施阶段限制投资规模，延长学习过程

与思科公司的模范客户关系

思科公司是 UPS 物流公司成为第四方物流服务提供商之后的一个"模范"客户。UPS 物流公司已经从 A 阶段演进到 D 阶段，如今，除了管理和协调欧洲、中东和北美的物流以外，UPS 物流公司还会进行面向供应商和客户的工作。

当思科公司的合同制造商做好出货准备以后，UPS 物流公司会收到通知。这些产品将在 24 小时内被集中运输到遍布全球的 20 多个地点中的一个，UPS 物流公司预定好飞机到达欧洲大陆，将产品运送到欧洲的占地 86,000 平方英尺、由 UPS 物流公司拥有并运营的指定物流中心。

在外向物流过程中，UPS 物流公司选择承运人并监督整个欧洲、中东和北非的产品交付。UPS 物流公司内部开发的优化软件整合了具有共同目的地的货物。通常订单的来源有很多，因此需要一种可以最大限度减少运输批次和装卸区拥堵的系统。

在外向物流过程中，UPS 物流公司在承运人选择方面充当中立方。各种承运人的选择标准（如服务水平、价格、运输时间）在系统中就像邮政编码一样被普遍使用。该系统提供"迷你询价"（Request for Quotations，RFQ），以便每次在将货物运送给客户时能够从批准的供应商列表中找到最佳承运人。在整个过程中，订单状态会传达给思科公司，以便其可以为客户提供信息的连续访问服务。在完成订单之前，客户可以对订单进行调整，如更改交货日期。UPS 物流公司系统中发生的每个物流动向也会立即在思科公司的系统中显示。每年，UPS 物流公司为思科公司处理超过 100 万箱产品。

UPS 物流公司内部还运营着一个用于回答思科公司客户服务部门的物流相关问题的呼叫中心。最近，UPS 物流公司已开始提供分拣包装服务，将电源线等配件与思科公司的订单组合在一起。除此之外，思科公司的物流经理说："市场机遇将推动我们与 UPS 物流公司的关系。"

讨论题

由于发展第四方物流模式是由"市场"决定的，包括 UPS 物流公司在内的任何考虑或积极推行第四方物流战略的第三方物流服务提供商都面临以下这些问题。

（1）为什么第三方物流服务提供商在明白其行业本质的情况下考虑第四方物流战略？

（2）供应商和客户之间的关系、经济状况受到了什么影响？需要如何协调才能确保双方获得回报？

（3）客户或潜在客户可以使用什么标准来评估可能的第四方物流服务提供商？

（4）根据这些标准，第三方物流服务提供商如何对竞争对手（合同制造商、咨询公司、信息技术供应商，运输公司和货运代理）进行评分？换句话说，第四方物流战略成功的关键因素是什么？

（5）就第四方物流战略长期可行性而言，第三方物流服务提供商可以根据该评估得出什么结论？此外，对制造商和外包商有何影响？

参考文献

[1] Bumstead J, Cannons K. From 4PL to managed supply-chain operations[J]. Logistics & Transport Focus, 2002, 4(4): 18-24.

[2] Brignall T J, Fitzgerald L, Johnston R, et al. Linking erformance measures and competitive strategy in service businesses: three case studies[J].

Management Accounting Handbook,1992:196−216.

[3] Coyle J J, Bardi E J, Langley C J. The management of business logistics[M]. St Paul, MN: West Publishing Company, 1996.

[4] Van Hoek R I, Van Dierdonck R. Postponed manufacturing supplementary to transportation services[J]. Transportation Research Part E: Logistics and Transportation Review, 2000, 36(3): 205−217.

[5] Hannon R. Contract manufacturers focus on logistics value adds[J].2004.

[6] Bowersox D J, Closs D J. Logistical management[M].5th ed. New York: McGraw−hill, 1996.

致谢

这本书是众多学者在过去十年通力合作的结果。我代表协会感谢培生教育（Pearson Education）的珍妮·格拉瑟·莱文（Jeanne Glasser Levine）和她的杰出团队，他们在出版期间提供了许多好的建议；感谢北佛罗里达大学的罗伯特·弗兰克尔（Robert M.Frankel）和莉安娜·佩恩（Leanna Payne），本书的出版离不开他们做的编辑和行政工作；感谢为本书撰写、提交和审阅案例的学者，这些案例将会加深人们对供应链领域的理解。